LaTeX Referenz

dante – Arbeitshefte für TeX, LaTeX u. a.

Diese Serie von Arbeitsheften dient primär dem Ziel kurze Zusammenfassungen zu ganz speziellen Themen zu geben. Mit diesen soll „gearbeitet" werden, sodass der praktische Ansatz im Vordergrund steht. Theoretische Aspekte sollen nur insofern von Interesse sein, wie sie das praktische Arbeiten mit, an und um TeX oder LaTeX unterstützen.

Vorschläge für weitere Themen, die Sie gerne in dieser Form als Arbeitsheft sehen würden, richten Sie bitte an den Herausgeber: `herbert@dante.de`. Kommentare zu den einzelnen Arbeitsheften senden Sie bitte zusätzlich an die jeweiligen Autoren der einzelnen Hefte.

Herbert Voß
Berlin

LaTeX Referenz

dante

LEHMANNS FACHBUCHHANDLUNG

1. Auflage
ISBN 978-3-86541-212-6
Umschlag: Jens-Uwe Morawski, Herbert Voß
Satz: LaTeX
Verlag: Lehmanns Media – LOB.de; Berlin
Druck: Konrad Triltsch Print und digitale Medien GmbH
97199 Ochsenfurt-Hohestadt
Printed in Germany

Inhaltsverzeichnis

Vorwort

Es ist offensichtlich, dass der LaTeX-Boom unter anderem MiKTeX zu verdanken ist, welches vielen Anwendern endlich das ersehnte automatische Paketmanagement zur Verfügung stellt. Dagegen beschäftigt sich der »echte« TeX- oder LaTeX-Anwender immer noch mit `.dtx`-Formaten, texhash für den Dateibaum oder updmap für das Schriftenverzeichnis. Es sei dahingestellt, welcher für ein tieferes Verständnis der bessere Weg ist. Die TeX-Renaissance hat sich auch bei den Veröffentlichungen niedergeschlagen, denn gerade in den letzten beiden Jahren hat sich die Zahl der Bücher mehr als verdoppelt. Was bleibt, ist immer noch ein Mangel an ganz praktischen Dingen, an denen häufig der Anfänger scheitert und bei denen der geübte Anwender nicht immer in einem dicken Standardwerk nachschlagen will. DANTE e. V. möchte mit dieser Reihe der Arbeitshefte einen ganz praktischen Bezug herstellen und startet durch dieses erste »Heft« eine Serie, die sich in unregelmäßiger Reihenfolge immer ganz bestimmten Themen in, um und an TeX, LaTeX, pdfTeX oder verwandten Systemen wie ConTeXt, Ω oder später auch LuaTeX und ε_{χ}TeX widmen soll.

Dieses erste Arbeitsheft ist als Referenz für LaTeX gedacht und nicht als Einführung. Es bleibt natürlich erst einmal die Frage zu beantworten, was denn überhaupt unter LaTeX zu verstehen ist, denn die Grenze zu und von TeX ist fließend und viele Pakete bauen vollständig auf LaTeX und andere auf TeX oder auch auf beiden auf. Auch um den Umfang dieser Arbeitshefte zu begrenzen und praktikabel zu halten, wird hier unter LaTeX im Wesentlichen das verstanden, was die Basisdatei `latex.ltx` (CTAN: `/macros/latex/base/`) an Umgebungen und Befehlen definiert und gleichzeitig für den Anwender eine praktische Bedeutung hat. Dies sind daher bei weitem nicht alle Befehle, die dort zu finden sind. Auch bildet die maximale Seitenzahl dieses Arbeitsheftes eine ganz klare Beschränkung, denn für umfangreichere Erklärungen gibt es das Standardwerk für LaTeX, den »Begleiter«. [16].

Der Schwerpunkt des Heftes ist die tabellarische Zusammenstellung aller interessanten Umgebungen und Makros. Damit kann der Anwender immer schnell kontrollieren, wieviele Parameter ein Befehl hat und in welcher Form diese anzuwenden sind. Optionale Parameter sind dabei immer mit einer grauen Box hinterlegt.

Der erste Teil dieser Zusammenstellung beschäftigt sich mit den Programmen und ihren oftmals unbekannten optionalen Parametern. Der folgende Teil gibt eine Zusammenstellung aller auf der aktuellen TEXLive vorhandenen Dokumentenklassen, von denen sicherlich einige unbekannt sind, denn auf CTAN den Überblick zu behalten, ist nicht einfach. Eine ähnliche Zusammenstellungen gibt es für die Stildateien der Bibliografie. Die angegeben Fonts stellen eine Zusammenfassung der häufig benutzen und frei zur Verfügung stehenden Fonts dar. Den Hauptteil bildet die Zusammenstellung der Umgebungen und Makros, wie sie für LATEX zur Verfügung stehen. Das Kapitel über häufig eingesetzte Pakete stellt eine willkürliche, aber dennoch wichtige Auswahl dar. Dass es eine unvollständige Zusammenstellung ist, versteht sich von selbst. Ebenso wurde der farbige Teil nicht primär am Inhalt ausgerichtet, sondern an den drucktechnischen und finanziellen Möglichkeiten. Daher mag die Anordnung etwas ungewöhnlich erscheinen, dass mit einem Mal Farbe im Text erscheint. Dies ist dem Versuch zuzuschreiben, die 32 Farbseiten möglichst auch auszunutzen. Immer dann, wenn klassenspezifische Werte für Längen und Zähler angegeben werden, beziehen sie sich auf die hier benutzte Dokumentenklasse. Bei anderen Klassen ist daher auch mit Abweichungen zu rechnen.

Alle Beispiele dieses Arbeitsheftes kann man sich mit der zugehörigen Beispielklasse ttctexa von CTAN herunterladen: `CTAN:/info/examples/DANTE/LaTeX-Referenz/`. Sie bestehen grundsätzlich aus kompletten LATEX-Dateien, die mit jeder TEX-Distribution laufen sollten.

Zu danken gilt es noch Lutz Ihlenburg, Markus Kohm, Rolf Niepraschk, Uwe Ziegenhagen und ganz besonders Volker RW Schaa. Bleibt die Hoffnung, dass diese Idee der praktischen Arbeitshefte auf entsprechende Resonanz bei den Anwendern stößt und dadurch eine Weiterentwicklung dieser Reihe ermöglicht wird.

Berlin, im Juni 2007 | Herbert Voß

Kapitel 1

Die Programme

Den Vorgang von der Erfassung des Quelltextes bis zum endgültigen PostScript oder PDF-Dokument zeigt Abb. 1.1 auf der nächsten Seite. Die in den folgenden beiden Abschnitten behandelten Programme mit ihren Optionen beziehen sich im Wesentlichen auf die TEX Live CD-Version und können nicht direkt auf MiKTEX übertragen werden (`http://docs.miktex.org/manual`).

1.1 TEX und LATEX

tex ist das eigentliche Programm, welches allerdings mittlerweile durch etex (extended TEX) bzw. pdftex abgelöst wurde. Die folgenden Angaben zu den Optionen gelten auch bei Anwendung von LATEX, da dieses nur ein spezielles Format für TEX ist.

tex [*Optionen*] [*& Format*] [*Datei* | *Befehl(e)*]
etex [*Optionen*] [*& Format*] [*Datei* | *Befehl(e)*]

Die Liste der möglichen Optionen kann man sich jederzeit auf der Konsole ausgegeben lassen, beispielsweise mit tex –help. Da sich die meisten auf den Kern von TEX beziehen, gelten sie auch für LATEX und pdfTEX.

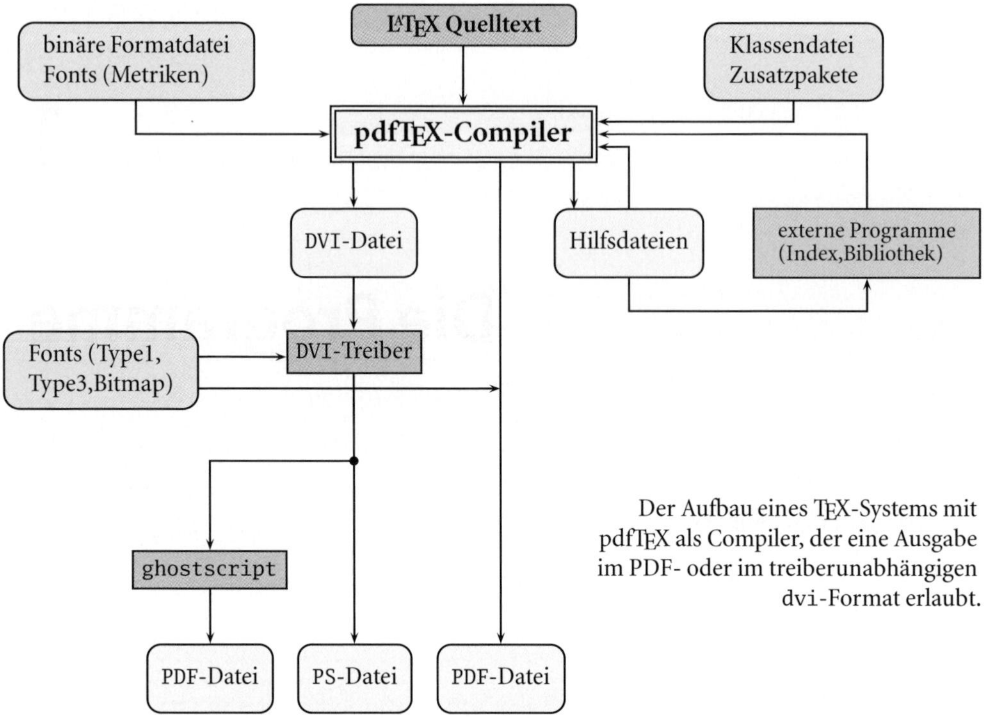

Der Aufbau eines TeX-Systems mit pdfTeX als Compiler, der eine Ausgabe im PDF- oder im treiberunabhängigen dvi-Format erlaubt.

Abbildung 1.1: »Von der Quelle bis zur Mündung …«

-enc Aktiviert die encTeX Erweiterungen (`http://www.olsak.net/`), welche nur in Kombination mit der Option `ini` Sinn machen.

-file-line-error Druckt Fehlermeldungen in der Form `file:line:error`, wie sie für Compiler allgemein üblich ist.

-no-file-line-error Fehlermeldungen werden unformatiert ausgedruckt.

-file-line-error-style Veralteter Name der Option `file-line-error`.

-fmt *format* Nimmt `format` als Namen für das zu ladende Format, anstelle des in der Programmzeile oder des in der ersten Zeile des Dokuments durch `%& format` angegebenen.

-halt-on-error Exit mit dem entsprechenden Fehlercode, wenn während des Übersetzungsvorgangs ein Fehler auftritt.

-help Gibt eine Kurzhilfe aus und beendet das Programm.

-ini Startet im sogenannten `INI`-Modus, welcher für einen Formatdump benötigt wird. Der `INI` Modus kann für einen Übersetzungsvorgang benutzt werden, wenn kein Format geladen werden soll und Catcodes ebenfalls manuell vorgegeben werden sollen.

-interaction *mode* Setzt den `interaction` Modus, welcher als `batchmode`, `nonstopmode`, `scrollmode` oder `errorstopmode` vorgegeben werden kann. Die Bedeutung dieser Optionen ist identisch zu den gleichlautenden TeX Befehlen.

-ipc Sendet eine `dvi`-Ausgabe sowohl zu einem definierten Socket als auch zur standardmäßigen Ausgabedatei. Die Verfügbarkeit dieser Option hängt von der TEX- Installation ab.

-ipc-start Identisch zur Option `ipc`, startet zusätzlich den Server am anderen Ende. Die Verfügbarkeit ist wieder abhängigkeit von der TEX-Installation.

-jobname *name* Abweichend vom standardmäßigen `\jobname` kann hiermit ein anderer Name vorgegeben werden.

-kpathsea-debug *bitmask* Setzt die Debugging flags für den Suchpfad auf die angegebene Bitmaske. Weitere Informationen kann man dem kpathsea Manual entnehmen.

-mktex *fmt* Aktiviert mktexfmt, zulässige Werte für `fmt` sind `tex` oder `tfm`.

-mltex Aktiviert die MLTEX Erweiterungen (nur in Verbindung mit der Option `ini` möglich).

-no-mktex *fmt* Deaktiviert mktexfmt, zulässige Werte für `fmt` sind `tex` oder `tfm`.

-output-comment *string* Ersetze die standardmäßige Angabe des Datums in der `dvi`-Ausgabe durch die Angabe von *string*.

-output-directory *directory* Verwendet *directory* anstelle des aktuellen Verzeichnisses. Eingabedateien werden ebenfalls zuerst in *directory* gesucht, danach im normalen Suchpfad.

-parse-first-line Beginnt die erste Zeile eines Dokuments mit %&, dann werte diese aus.

-no-parse-first-line Beginnt die erste Zeile mit einem Kommentarzeichen, wird sie grundsätzlich nicht ausgewertet.

-progname *name* Anstelle des eigentlichen Programmnamens wird *name* genommen, einschließlich des TEX-Formats und des Suchpfads.

-recorder Aktiviert den Datei-Recorder und speichert alle Informationen über Dateioperationen in einer Datei mit Endung `.fls`.

-shell-escape Aktiviert den `\write18`-Befehl, wodurch es TEX möglich ist, externe Programme zu starten. Standardmäßig ist diese Option aus Sicherheitsgründen deaktiviert.

-no-shell-escape Deaktiviert den `\write18` Befehl, falls es in der Konfigurationsdatei `texmf.cnf` aktiviert wurde.

-src-specials Fügt sogenannte »source specials« in die `dvi`-Datei ein.

-src-specials *where* Fügt sogenannte »source specials« in die `dvi`-Datei ein, jedoch an der Stelle *where*, wobei hier einer oder durch Komma getrennt, mehrere der folgenden Werte angegeben werden können: `cr`, `display`, `hbox`, `math`, `par`, `parent`, oder `vbox`.

-translate-file *tcxname* Benutzt die *tcxname* Transformationstabelle für das Mapping der Eingabezeichen und Remapping der Ausgabezeichen.

-default-translate-file *tcxname* Wie die vorgehende Option, nur dass diese durch eine erste %&-Zeile überschrieben werden kann.

-version Gibt nur Versionsnummer aus und beendet TEX.

Mit einer expliziten Angabe `\& format` benutzt TEX das angegebene vorkompilierte Format, welches die Dateiendung `.fmt` haben muss. Sinnvoller ist allerdings die Anwendung der `-fmt format` Option.

Der Dateiname des Quelldokuments ist faktisch beliebig bis auf die Ausnahme, dass er nicht schon dem einer anderen TEX-Datei entspricht, die über den Suchpfad von TEX gefunden wird.

Der Dateiname kann mit oder ohne Erweiterung `.tex` angegeben werden. Intern wird dieser Name als `\jobname` gespeichert und kann innerhalb eines Quelldokuments benutzt werden.

```
voss@shania:~> tex
This is TeXk, Version 3.141592 (Web2C 7.5.5)
 %&-line parsing enabled.
**
```

Dieser Modus wird mittlerweile nur noch zum Testen kurzer Befehlssequenzen benutzt, bzw. zur Ausgabe von Makrodefinitionen:

```
voss@shania:/tmp> tex
This is TeXk, Version 3.141592 (Web2C 7.5.5)
 %&-line parsing enabled.
**\show\bigskip
> \bigskip=macro:
->\vskip \bigskipamount .
<*> \show\bigskip
```

\end oder \bye beenden den interaktiven Modus und erstellen dann die standardmäßige Ausgabedatei `texput.dvi`.

TEX nimmt Bezug auf die folgenden Umgebungsvariablen und wertet sie entsprechend aus. Abgefragt werden können diese Variablen mit **kpsewhich**, beispielsweise:

```
voss@shania:~> kpsewhich -var-value=TEXMFLOCAL
/usr/local/texlive/2007/../texmf-local
```

TEXINPUTS Diese Umgebungsvariable bezeichnet den Suchpfad für `\input` und `\openin` Dateien. Diese sollten standardmäßig mit `./` beginnen, damit Benutzerdateien vor Systemdateien gefunden werden. Eine leerer Pfad wird durch die Angabe in der Konfigurationsdatei `texmf.cnf` ersetzt. Hat den Standardwert `:/home/voss/.TeX:/usr/share/doc/.TeX:/usr/doc/.TeX`

TEXMFOUTPUT Normalerweise schreibt TEX alle Ausgabedateien in das aktuelle Verzeichnis. Kann eine dieser Dateien nicht zum Schreiben geöffnet werden, wird das Verzeichnis, welches durch die Umgebungsvariable `TEXMFOUTPUT` definiert ist, benutzt. Hat im Allgemeinen keinen Standardwert.

TEXFORMATS Suchpfad für die Formatdateien.

TEXPOOL Suchpfad für die TEX-internen Zeichenketten.

TEXEDIT Befehl, der ausgeführt wird, wenn TEX zum Editor wechselt. Standardmäßig wird **vi** eingetragen, wenn TEX gestartet wird.

TFMFONTS Suchpfad für die Fontmetriken mit der Dateiendung `.tfm`.

TEXMF Hauptsuchpfad für die TEX-Installation mit dem auf Seite 10 angegebenen Standardwert.

TEXMFLOCAL Suchpfad für die lokalen TEX-Verzeichnisse, mit dem Standardwert `/usr/local/texlive/2007/../texmf-local` für TEXLive.

Alle anderen nicht angegebenen Standardwerte sind entweder leer oder so umfangreich, dass sie hier nicht angegeben werden. **latex** ist kein eigenständiges Programm, sondern ein spezielles Format, welches bei neueren Distributionen nicht von **tex** sondern von **pdftex** eingelesen und entsprechend interpretiert wird, sodass automatisch eine `dvi`-Ausgabe erzeugt wird.

LATEX kann nur externe PostScript- oder EPS-Dateien verarbeiten, sodass auch sämtliche Grafikdateien in dieses Format gewandelt werden müssen. Dafür existieren mehrere Programme.

latex Startet LATEX im interaktiven Modus, was allerdings historisch überholt ist und praktisch nicht mehr angewendet wird.

```
voss@shania:~> latex
This is pdfTeXk, Version 3.141592-1.40.0 (Web2C 7.5.6)
 %&-line parsing enabled.
**
```

\end{**document**} Beendet den interaktiven Modus

latex *datei.tex* Startet LATEX mit der Datei *datei.tex*, wobei die Dateierweiterung (siehe auch Abschnitt A.1 auf S. 131) nicht mit angegeben werden muss.

> LATEX selbst interessiert sich bei Grafikdateien **nicht** für das Format, sondern nur für die sogenannte Bounding Box, die Größe der Grafik. In der dvi-Datei befindet sich daher auch nur ein Link auf den Speicherort der Grafik. Erst der entsprechende Treiber, der aus der dvi-Datei eine PostScript- oder PDF-Datei macht, hat Einschränkungen beim Format. LATEX akzeptiert **nur** .ps- oder .eps-Dateien.

1.2 pdfTEX und pdfLATEX

pdftex ist ein eigenständiges Programm, es benutzt allerdings den TEX-Kern für die Formatierung des Dokuments. Die derzeit aktuelle Version 1.40 unterscheidet nicht mehr zwischen pdfTEX und pdfeTEX und ist der derzeitige Standard bei den Programmen und kann wahlweise eine dvi- oder PDF-Ausgabe erstellen. Die Syntax ist:

pdftex [*Optionen*] [*&Format*] [*Datei* | *Befehl(e)*]
pdflatex [*Optionen*] [*&Format*] [*Datei* | *Befehl(e)*]

pdftex kann nur externe .pdf-, .png- oder .jpg-Grafikdateien verarbeiten, andere müssen in eines dieser Formate gewandelt werden. Dafür existieren u. a. die Programme ps2pdf und epstopdf. Auf der TEX-Ebene interessiert wieder nur die Bounding-Box. Zusätzlich zu den ab Seite 4 angegeben Optionen gibt es vor allem eine bezüglich des Ausgabeformats, da pdftex sowohl dvials auch PDF erstellen kann und eine zur Ausgabe von Zeichen.

-draftmode Erstellt grundsätzlich keine PDF-Ausgabe.

-output-format *format* Setzt das Ausgabeformat auf *format*, welches entweder PDF oder dvi sein kann. Diese Auswahl hat Auswirkungen auf die unterstützen Grafikformate:

pdf .pdf, .png und .jpg (.tiff wird nicht mehr unterstützt);

dvi .ps und .eps.

-8bit Verwende grundsätzlich die 8-Bit-Darstellung von Zeichen.

pdflatex ist kein eigenständiges Programm, sondern nur ein spezielles Format, das von pdftex eingelesen wird.

1.3 Fehlermeldungen

Treten beim Übersetzungsvorgang Fehler auf, so reagiert latex beispielsweise mit der folgenden Meldung:

```
! Undefined control sequence.
l.7 \textf
          {foo}
?
```

Der Name des Befehls `\textbf` wurde hier absichtlich falsch geschrieben. Es gibt jetzt mehrere Möglichkeiten, wie weiter verfahren werden soll, was TEX durch das Fragezeichen andeutet:

<return> Weitermachen.

S Mache weiter, aber stoppe nur bei einem fatalen Fehler, der bei R einen *emergency stop* verursachen würde.

R Mache weiter, ohne wieder zu stoppen, wobei TEX versucht, den Fehler möglichst optimal zu beheben. Lediglich bei unbekannten Dateinamen wird gestoppt.

Q Mache in jedem Fall weiter ohne Meldungen auszugeben.

I Gehe in den Eingabemodus und gebe den richtigen Befehl ein (in obigem Beispiel `\textbf`.

E Beende Übersetzungsvorgang, starte einen Editor mit der Quelldatei und gehe zur fehlerhaften Zeile.

1...9 Ignoriere die nächsten 1...9 Eingabe-Token der Datei.

H Gib eine Hilfe aus, falls möglich.

X Beende Übersetzungsvorgang mit Ausgabe der Zustands in der Logdatei. Die aktuelle Seite wird nicht ausgegeben.

1.4 dvips

Die Ausgabe der TEX-Quelldatei im `dvi`-Format (Device Independent) ist Standard bei einem tex- oder latex-Lauf und alternativ auch möglich bei einem pdftex- beziehungsweise pdflatex-Lauf. Der Aufruf von dvips mit der `dvi`-Datei kann dabei mit oder ohne Dateiendung erfolgen:

dvips [*Optionen*] *Datei* .dvi

Von den zahlreichen Optionen sollen hier nur die wichtigsten angegeben werden. Eine vollständige Liste erhält man mit `dvips --help` oder mit Aufruf der gesamten Dokumentation über texdoc `dvips` oder alternativ mit texdoctk, der grafischen Alternative.

o *Datei* Ausgabedatei, was bei manchen Betriebssystemen zwingend ist, wenn die Konfiguration ansonsten eine automatische Ausgabe auf den Drucker vorsieht.

r*Ziffer* Umgekehrte Anordnung der Seiten, was bei einem zweiseitigen Druck auf einem Drucker ohne Duplexeinheit wichtig ist (`r1` aktiviert und `r0` deaktiviert diese Option).

t *Format* Angabe des Papierformats, was bei fehlender oder falscher Angabe auf TEX-Seite wichtig sein kann.

A Gib nur die ungeraden Seiten aus.

B Gib nur die geraden Seiten aus.

P *Ext* Lade die Konfigurationsdatei `config.Ext`, beispielsweise `P pdf` für die Datei `config.pdf`. Standard ist `config.ps`. Den Ort dieser Konfigurationsdatei kann man über kpsewhich herausfinden:

```
voss@shania:~> kpsewhich -format="dvips config" config.ps
/usr/local/texlive/2005/texmf-var/dvips/config/config.ps
```

R*Ziffer* `R0` deaktiviert diese Option und `R1` führt dazu, dass Dateinamen von Abbildungen oder anderen eingebundenen Dateien aus Sicherheitsgründen nicht in höheren Verzeichnissen gesucht werden. Entspricht in der Konfigurationsdatei `config.ps` der z-Option.

1.5 Von PostScript nach PDF

Nach dem Erstellen einer `.ps`-Datei kann mit dem Skript ps2pdf eine `.pdf`-Datei erstellt werden. Je nach Version und Art eines Betriebssystems ruft dieses Skript ein weiteres Skript auf, welches die PDF-Version im Namen führt, hier ps2pdf14. Dieses besteht ebenfalls nur aus einer Zeile und ruft wiederum ein Skript namens ps2pdfwr aufruft, welches dann letztendlich ghostscript startet.

```
#!/bin/sh
# $Id: ch01.tex 153 2007-06-17 20:33:45Z hvoss $
# Convert PostScript to PDF.

# Currently, we produce PDF 1.4 by default, but this is not guaranteed
# not to change in the future.
exec ps2pdf14 "$@"
```

```
#!/bin/sh
# $Id: ch01.tex 153 2007-06-17 20:33:45Z hvoss $
# Convert PostScript to PDF 1.4 (Acrobat 5-and-later compatible).

exec ps2pdfwr -dCompatibilityLevel=1.4 "$@"
```

In dem Skript ps2pdfwr sollte man die Option `-dSAFER` auskommentieren, wenn man aus einem GUI heraus eine erstellte PostScript-Datei mit gv oder ghostview betrachten möchte. Diese Option verhindert, dass externe Dateien geladen werden, wenn die PostScript-Datei nicht direkt gestartet wird.

1.6 Hilfsprogramme

Mit jeder TEX-Distribution kommen mehrere nützliche von Karl Berry entwickelte Hilfsprogramme, die bei einer TEXLive-Installation alle im Verzeichnis `.../bin/<Plattform>/` zu finden sind.

kpsewhich kann Tests auf vorhandene Programme und Pfade durchführen, speziell um einen Test auf die Existenz und den Ort eines vorhandenen Pakets beziehungsweise Stildatei zu überprüfen:

```
voss@shania:~> kpsewhich pst-3dplot.sty
/usr/local/texlive/2007/../texmf-local/tex/latex/pst-3dplot/pst-3dplot.sty
```

Die Syntax des Programms ist:

kpsewhich [*Optionen*] *Dateiname* ...

Für die Optionen gibt es die folgenden Möglichkeiten:

`-debug=NUM`	set debugging flags.
`-D, -dpi=NUM`	use a base resolution of NUM; default 600.
`-engine=STRING`	set engine name to STRING.
`-expand-braces=STRING`	output variable and brace expansion of STRING.
`-expand-path=STRING`	output complete path expansion of STRING.
`-expand-var=STRING`	output variable expansion of STRING.
`-format=NAME`	use file type NAME (see list below).
`-help`	print this message and exit.
`-interactive`	ask for additional filenames to look up.
`[-no]-mktex=FMT`	disable/enable mktexFMT generation (FMT=pk/mf/tex/tfm).
`-mode=STRING`	set device name for $MAKETEX_MODE to STRING.
`-must-exist`	search the disk as well as ls-R if necessary
`-path=STRING`	search in the path STRING.
`-progname=STRING`	set program name to STRING.
`-show-path=NAME`	output search path for file type NAME (see list below).
`-var-value=STRING`	output the value of variable $STRING.
`-version`	print version number and exit.

Mit kpsexpand lassen sich auf einfache Weise die einzelnen Umgebungsvariablen »expandieren«:

```
voss@shania:~> kpsexpand '$TEXMF'
{/home/voss/.texlive2007/texmf-config,/home/voss/.texlive2007/texmf-var,/home/
    voss/texmf,!!/usr/local/texlive/2007/texmf-config,!!/usr/local/texlive/2007/
    texmf-var,!!/usr/local/texlive/2007/texmf,!!/usr/local/texlive/2007/../texmf
    -local,!!/usr/local/texlive/2007/texmf-dist}
```

Die mit !! beginnenden Pfade müssen eine `ls-R`-Datei enthalten, denn nur diese wird durchsucht, nicht jedoch die Festplatte. Dies ist nur der Fall, wenn der Pfad ohne !! beginnt, beispielsweise das aktuelle Verzeichnis, zu sehen auf der nächsten Seite.

Mit kpsepath lassen sich auf einfache Weise die gesamten Pfade ausgeben, in denen TEX »auf Suche geht«, um eine bestimmte Datei zu finden:

kpsepath [*Optionen*] *Pfadtyp*

```
voss@shania:~> kpsepath bib
.:/home/voss/.texlive2007/texmf-config/bibtex/bib//:/home/voss/.texlive2007/texmf
    -var/bibtex/bib//:/home/voss/texmf/bibtex/bib//:!!/usr/local/texlive/2007/
    texmf-config/bibtex/bib//:!!/usr/local/texlive/2007/texmf-var/bibtex/bib
    //:!!/usr/local/texlive/2007/texmf/bibtex/bib//:!!/usr/local/texlive
    /2007/../texmf-local/bibtex/bib//:!!/usr/local/texlive/2007/texmf-dist/
    bibtex/bib//
```

Mögliche Pfadtypen sind:

```
gf             : generic font bitmap
pk             : packed bitmap font
base           : Metafont memory dump
bib            : BibTeX bibliography source
bst            : BibTeX style files
cnf            : Kpathsea runtime configuration files
fmt            : TeX memory dump
mem            : MetaPost memory dump
mf             : Metafont source
mfpool         : Metafont program strings
mp             : MetaPost source
mppool         : MetaPost program strings
mpsupport      : MetaPost support files
pict           : Other kinds of figures
tex            : TeX source
texpool        : TeX program strings
tfm            : TeX font metrics
vf             : virtual font
dvips_config   : dvips config files
dvips_header   : dvips header files
troff_font     : troff fonts
```

Die Suche nach den Dokumentationen zu den Paketen kann man in der Regel dem Programm texdoc überlassen, welches in den festgelegten TEX-Verzeichnisen nach einer entsprechender Datei sucht und anzeigt:

texdoc [*Optionen*] *Paketname*

Mögliche Optionen sind

```
-v        verbose mode: show viewer command
-l        just list all matching files. Do not start a viewer.
-s        search the disk. remaining arguments will be passed
          as egrep patterns to filter the find output.
```

Das Programm pdfcrop von Heiko Oberdiek leistet immer dann gute Dienste, wenn man einen weißen Rand von einer Abbildung entfernen möchte.

pdfcrop [*Optionen*] *Datei*

Datei muss logischer im PDF-Format sein und die Ausgabedatei erhält das Suffix `-crop` beim Dateinamen. Zu beachten ist, dass *Datei* nur Seitenzahlen enthalten sollte, wenn sie ausdrücklich erwünscht sind; sie verhindern sonst, dass am unteren Rand alles weggeschnitten werden kann.

Das Programm epstopdf ermöglicht eine Konvertierung von `.eps`-Abbildungen ins `.pdf`-Format, ohne dass der Vektorcharakter der Abbildung verlorengeht. Auch dieses Programm sollte bei jeder TEX-Distribution vorhanden sein.

epstopdf [*Optionen*] *Datei*

Der umgekehrte Weg, von `.pdf` nach `.eps` ist etwas schwieriger, wenn man nicht extra die Größe der Bounding Box der Originalgrafik als Parameter vorgeben will. Das folgende Skript (pdf2eps) erlaubt die Umwandlung einer beliebigen Seite einer PDF-Datei in eine einzelne `.eps`-Abbildung, wobei der weiße Rand automatisch mit abgeschnitten wird.

```
#!/bin/sh
# $Id: ch01.tex 153 2007-06-17 20:33:45Z hvoss $
# Convert PDF to encapsulated PostScript.
# usage: pdf2eps <page number> <pdf file without ext>

pdfcrop $2
pdftops -f $1 -l $1 -eps "$2-crop.pdf"
rm  "$2-crop.pdf"
mv  "$2-crop.eps" $2.eps
```

ps2eps [*Optionen*] *Datei*

Obwohl LATEX auch reine PostScript-Dateien einlesen kann, empfiehlt es sich in manchen Fällen mit einer `.eps`-Datei zu arbeiten, wobei diese über die Optionen noch beeinflusst werden kann (Ausgabe durch ps2eps *-h*).

Kapitel 2

Das Dokument

2.1 Der Aufbau

Der formale Aufbau eines Dokuments ist unterteilt in Präambel und Textkörper:

... \documentclass [*Optionen*] {*Name*} [*Version*] ...	Präambel
\begin{document} ... \end{document}	Textkörper

Sämtliche formalen Definitionen sollten bzw. müssen in der Präambel vorgenommen werden. Die folgende Liste zeigt alle Befehle und eine Umgebung, die nur dort erscheinen dürfen. Praktisch gehört dazu auch das Schlüsselwort `document`, welches andererseits aber auch den Textkörper einschließt, sodass es hier nicht extra aufgeführt wird.

\addtoversion	\AtBeginDocument
\AtEndOfClass	\AtEndOfPackage
\CheckCommand	\DeclareErrorFont
\DeclareFontEncoding	\DeclareFontEncodingDefaults
\DeclareFontSubstitution	\DeclareMathAccent
\DeclareMathAlphabet	\DeclareMathDelimiter

Fortsetzung . . .

```
\DeclareMathRadical            \DeclareMathSizes
\DeclareMathSymbol             \DeclareMathVersion
\DeclareOldFontCommand         \DeclareOption
\DeclarePreloadSizes           \DeclareSizeFunction
\DeclareSymbolFont             \DeclareSymbolFontAlphabet
\DeclareTextAccent             \DeclareTextAccentDefault
\DeclareTextCommand            \DeclareTextCommandDefault
\DeclareTextComposite          \DeclareTextCompositeCommand
\DeclareTextFontCommand        \DeclareTextSymbol
\DeclareTextSymbolDefault      \documentclass
\documentstyle                 \ExecuteOptions
\includeonly                   \listfiles
\LoadClass                     \LoadClassWithOptions
\makeglossary                  \makeindex
\NeedsTeXFormat                \newmathalphabet
\nofiles                       \OptionNotUsed
\PassOptionsToClass            \PassOptionsToPackage
\ProcessOptions                \ProvidesClass
\ProvidesPackage               \RequirePackage
\RequirePackageWithOptions     \SetMathAlphabet
\SetSymbolFont                 \UndeclareTextCommand
\usepackage                    filecontents*
```

2.2 Die Dokumentenklasse

Die Dokumentenklasse wird über den Befehl \documentclass ausgewählt, wobei in der Regel der gewählten Klasse Optionen mitgegeben werden, die dann sowohl von der Dokumentenklasse als auch von den verwendeten Paketen (siehe Abschnitt 7 auf S. 95) ausgewertet werden.

\documentclass [*Optionen*] {*Name*} [*Version*]

Das zweite optionale Argument wird in der Regel nicht benutzt, da man im Allgemeinen eine aktuelle Version verwendet. Ansonsten kann man hier ein Datum in der Form jjjj/mm/tt angeben, welches dann zu einer Warnung in der Logdatei führt, wenn die verwendete Klasse älter ist. Folgender Kopf führt dann zu der folgenden Warnung:

```
\documentclass{book}[2007/01/01]
```

```
LaTeX Warning: You have requested, on input line 1, version
               '2007/01/01' of document class book,
               but only version
               '2005/09/16 v1.4f Standard LaTeX document class'
               is available.
```

2.2.1 Verfügbare Klassen

Bei einer Standarddistribution von TEX, wie sie TEXLive oder MiKTEX darstellen, kann man davon ausgehen, dass folgende Klassen zur allgemeinen Verfügung stehen:

`.cls`-*Name*	*Erklärung*
ConcProg	Erstellen von Konzertprogrammen
IEEEconf	IEEE Conference paper
IEEEtran	IEEE Transactions
a0poster	Posterklasse DIN-A0
aastex	American Astronomical Society Journal
abstbook	Klasse für ein “book of abstracts”
acmconf	Association for Computing Machinery (Konferenzen)
acmtrans2e	dito (Transactions)
aguplus	American Geophysical Union
aiaa-tc	American Institute of Aeronautics and Astronautics
akletter	Briefklasse
amsart	American Math Society (article)
amsbook	American Math Society (book)
amsdtx	American Math Society (LATEX-doc)
amsldoc	American Math Society – Dokumentationen
amsproc	American Math Society – Proceedings
apa	American Psychological Association
arabart	Artikelklasse für ArabTEX
arabbook	Buchklasse für ArabTEX
arabrep	Reportklasse für ArabTEX
article	Artikelklasse (Standard)
articoletteracdp	Artikelklasse für die Universität Padua
artikel1	NTG Artikelklasse
artikel2	dito
artikel3	dito
asaetr	American Society for Agricultural Engineers
ascelike	American Society of Civil Engineers
assignment	Homework Assignments
barticle	Artikelklasse für Bangla and Assamese
bbook	dito (Buchklasse)
beamer	Präsentationen
beletter	Belgische Briefklasse
bletter	Briefklasse für Bangla and Assamese
boek	NTG Buchklasse
boek3	dito
book	Buchklasse (Standard)
brief	NTG Briefklasse
cc	Spezialklasse zur Komplexitätstheorie
cd-cover	CD-Cover
cd	dito.
cjw-env	Klasse für Umschläge

Fortsetzung …

.cls-*Name*	*Erklärung*
cjw-ltr	Briefklasse
combine	Zusammenfassung von mehreren kompletten Dokumenten
courseoutline	Kursdokumentationen
coursepaper	dito
curve	Curricula vitae
dinbrief	Briefklasse nach DIN
dtk	Die TEXnische Komödie (DANTE)
ebsthesis	European Business School (Gabler Verlag)
elpres	Präsentationen
elsart	Elsevier Artikelklasse
eskd	Spezielle russische Klasse
europecv	Curricula vitae
exam	Erstellen von Multiple Choice Fragen und anderen
extarticle	Größere Standardschriften
extbook	dito
extletter	dito
extproc	dito
extreport	dito
facsimile	Faxklasse
faltblat	Faltblatt
fax	Faxklasse
filoaddr	Filofax adress pages
flashcard	Visitenkarten
flashcards	Visitenkarten – doppelseitig
fribrief	Briefklasse
g-brief	dito
g-brief2	dito
gatech-thesis	Georgia Institute of Technology
hcart	Artikelklasse
hcletter	Briefklasse
hcreport	Reportklasse
hcslides	Präsentation
hitec	Artikelklasse für technische Dokumente
hpsdiss	Doktorarbeit
hssvita	Curricula vitae
iagproc	International Association of Geodesy
ifacmtg	International Federation of Automatic Control
isov2	Internation Standard Documents
jhep	Journal of High Energy Physics
journal	Aus article abgeleitete Artikelklasse
jpsj2	Journal of the Physical Society of Japan
jura	Juristische Hausarbeiten
jurabook	Juristische Bücher
juraovw	Juristische Übersichten
juraurtl	Juristische Urteile

Fortsetzung ...

.cls-*Name*	*Erklärung*
k_fribri	Briefklasse von KOMA-Script abgeleitet
kerntest	Darstellung von Kerningpaaren eines Fonts
kluwer	Manuskripte für den Kluwer Verlag
l3doc	LaTeX3-Projekt
labbook	Buchklasse für Laborberichte
leaflet	Faltblatt
lettcdpadi	Briefklasse für die Universität Padua
letter	Briefklasse
letteracdp	Klasse für die Universität Padua
lettre	Französische Briefklasse
limap	Information Mapping
ltnews	LaTeX News (Standard)
ltugboat	TUGboat (TeX User Group)
ltugproc	dito (Proceedings)
ltxdoc	dito (Dokumentation)
ltxguide	dito (Anleitungen)
manual	Manuals
memoir	Universelle Klasse
mentis	Manuskripte für den Mentis Verlag
minimal	Minimale Klasse (zum Testen)
movie	dvi-Animationen
mtn	Maple Technical Newsletter
muthesis	University of Manchester
mwart	Spezielle Artikelklasse für polnische Typografie
mwbk	dito (Buchklasse)
mwrep	dito (Reportklasse)
my-thesis	Abgeleitet aus ua-thesis (University of Arizona)
nature	Zeitschrift Nature
ncc	Universelle Klasse für ncclatex
nccproc	dito. für Proceedings
newlfm	Letter, Fax und Memoklasse
nrc1	National Research Council (Research Press)
nrc2	dito
octavo	Spezielle Buchklasse
paper	Abgeleitete Artikelklasse
pbsheet	Spezielle Klasse für mathematische und informatische »Sheets«
pecha	Spezielle Klasse für Tibetische Texte
pittetd	University of Pittsburgh
play	Klasse für Theaterstücke
postcards	Postkarten drucken mithilfe der Klassen envlab und mailing
powerdot	Präsentationen
powersem	Präsentationen mit TeXpower
ppr-prv	Druckausgabe für Präsentationen mit prosper
proc	Spezielle Artikelklasse
prosper	Präsentationen (veraltet)

Fortsetzung ...

.cls-*Name*	*Erklärung*
protocol	Sitzungs-Protokolle
ptptex	Progress of Theoretical Physics
qcm	Multiple choice
rapport1	NTG Reportklasse
rapport3	dito
refart	Artikelklasse mit speziellen Referenzierungsmöglichkeiten
refrep	dito (Reportklasse)
report	Reportklasse (Standard)
res	Lebenslauf (Resume)
revtex4	American Physical Society
sae	Society of Automotive Engineers
saeold	dito (alt)
sciposter	Posterklasse
scrartcl	KOMA-Script Artikelklasse (Standard)
scrbook	KOMA-Script Buchklasse (Standard)
scrreprt	KOMA-Script Reportklasse (Standard)
scrlttr2	KOMA-Script Briefklasse (Standard)
scrlettr	KOMA-Script Briefklasse
scrguide	KOMA-Script Dokumentationsklasse
script	Vorgänger von KOMA-Script
script_l	dito
script_s	dito
seminar	Präsentationen (veraltet)
sffms	Science Fiction
siamltex	Society for Industrial and Applied Mathematics(SIAM)
sibjnm	Siberian Journal of Numerical Mathematics (SJNM)
sides	Theaterstücke
siggraph	Siggraph Conference proceedings(ACM)
slidenotes	Präsentationen
slides	Präsentationen (veraltet)
smfart	Société Mathématique de France (Artikel)
smfbook	dito, für Buch
spie	www.SPIE.org
stage	Theaterstücke
talk	Präsentationen (veraltet)
tcldoc	Literate Programming für die Tool Command Language (TCL)
tclldoc	dito
third-rep	UMCSD third year project reports (University of Manchester)
timesht	Timesheet generator (Zeitabläufe)
ua-thesis	University of Arizona
ucthesis	University of California
uiucthesis	University of Illinois at Urbana-Champaign
umich-thesis	University of Michigan
uwthesis	University of Washington
vita	Curricula vitae

Fortsetzung …

.cls-*Name*	*Erklärung*
weekly	Wochenkalender
york-thesis	York University, Toronto (Canada)

2.2.2 Optionen

Sämtliche Optionen, die der Dokumentenklasse (Klassenoption) übergeben werden, sind global zum Dokument und werden von der Klasse selbst und allen folgenden über \usepackage eingebundenen Paketen (Paketoption) ausgewertet. Beispiel:

```
\documentclass[11pt,a4paper,ngerman,halfparskip]{scrbook}
...
\usepackage{babel}
...
```

11pt Klassenoption

a4paper Klassen- und Paketoption (z. B. Paket geometry)

ngerman Klassen- und Paketoption (z. B. Paket babel)

halfparskip Klassenoption

Sowohl die Klasse scrbook als auch babel werten die Option ngerman aus. Für den Fall eines sogenannten »option clash«, bei dem es zu widersprüchlichen Angaben kommt, kann man durch das Makro \PassOptionsToClass beziehungsweise \PassOptionsToPackage dafür sorgen, dass Optionen dennoch an die Klasse oder das Paket weitergeleitet werden (siehe auch Abschnitt 4.2 auf S. 52).

2.2.3 KOMA-Script

KOMA-Script ist eine Sammlung von Klassen und Paketen, die besonders die typografischen Gepflogenheiten eines europäischen Layouts berücksichtigen (http://www.komascript.de). Alle Optionen gelten für die verschiedenen KOMA-Script-Klassen, ohne dass damit etwas über den Sinn ausgesagt wird, wie beispielsweise eine Bindekorrektur für die Briefklasse scrlettr2. Einige typische Beispiele für die KOMA-Script-Klassen zeigt die folgende Liste, wobei die Option plainheadsepline das scrpage2-Paket benötigt.

```
\documentclass[a4paper,BCOR8.25mm]{scrreprt}
\documentclass[twoside,DIV15,BCOR12mm]{scrartcl}
\documentclass[BCOR12mm,DIVcalc,twoside]{scrbook}
\documentclass[12pt,BCOR7mm,DIVcalc,smallheadings,headsepline,plainheadsepline]{
    scrreprt}
\documentclass[a4paper,8pt,smallheadings,twocolumn]{scrartcl}
\documentclass[11pt,a4paper,fleqn,liststotoc]{scrbook}
\documentclass[a4paper,10pt,DIV19,twoside,twocolumn,liststotoc,headinclude,
    footinclude, openany,parindent,titlepage,smalheadings,BCOR12mm]{scrbook}
```

Mit dem Erscheinen der nächsten Versionen von KOMA-Script ist der Übergang zu einem sogenannten »keyvalue«-Interface geplant. Wie von vielen anderen Paketen gewohnt, erfolgt die Angabe der Optionen dadurch über eine Zuweisung. Beispielsweise wird dann nicht mehr nur die Option `headexclude` angegeben, sondern die Zuweisung `headinclude=false`. Die Optionen können dann auch später jederzeit über `\KOMAoptions` gesetzt werden. Genaueres wird man in den mit KOMA-Script ausgelieferten Dokumentationen nachlesen können. Auch das Logfile wird für eine Übergangszeit eine entsprechende Meldung ausgeben.

Option	*Werte*	*Beispiel*
Papierformat	`letterpaper`, `legalpaper`, `executivepaper`, `aXpaper`[1], `bXpaper`[1], `cXpaper`[1], `dXpaper`[1], `landscape`	`a4paper`
Bindekorrektur	`BCOR<Länge>`[2]	`BCOR12mm`
Teilungsverhältnis	`DIV<Faktor>`[3]	`DIV15`
Kopfzeilen	`<Wert>headlines`[4]	`2.4headlines`
Druckseiten	`oneside`, `twoside`	`oneside`
Spalten	`onecolumn`, `twocolumn`	`onecolumn`
Kapitelanfang[5]	`openany`, `openright`	`openany`
Seitenvorschub	`cleardoublestandard`, `cleardoubleplain`, `cleardoubleempty`	`cleardoubleempty`
Titelseite	`titlepage`, `notitlepage`	`notitlepage`
Absatzabstand	`parskip`, `parskip*`, `parskip+`, `parskip-`, `halfparskip`, `halfparskip*`, `halfparskip-`, `halfparskip+`	`halfparskip`
Absatzeinzug	`parindent`	`parindent`
Kopflinie	`headsepline`, `headnosepline`	`headsepline`
Fußlinie	`footsepline`, `footnosepline`	`footsepline`
Kapitel[6]	`chapterprefix`, `nochapterprefix`	`chapterprefix`

Fortsetzung …

[1] X ist zu ersetzen durch 0, 1,. . .,8. Sämtliche ISO-Formate werden unterstützt.
[2] Für die Länge muss ein absoluter Wert in einer gültigen Einheit angegeben werden. Relative Werte wie 3 em sind nicht zulässig.
[3] <Faktor> ist zu ersetzen durch 4, 5, . . . oder durch `calc` beziehungsweise `classic`. In den letzten beiden Fällen wird die Berechnung von der Dokumentenklasse übernommen
[4] `<Wert>` ist durch einen reellen Zahlenwert zu ersetzen.
[5] Nur sinnvoll in Verbindung mit der `twoside` Option.
[6] Kapitelnummer mit oder ohne Präfix `Kapitel`.

Option	*Werte*	*Beispiel*
Anhang[1]	appendixprefix, noappendixprefix	appendixprefix
Bildunterschriften	onelinecaption, noonelinecaption	onlinecaption
Schriftgröße	8pt[2], 9pt[3], 10pt, 11pt, 12pt, 14pt[4], 17pt[5], 20pt[6], Xpt[7]	11pt
Überschrift	smallheadings, normalheadings, bigheadings	normalheadings
Verzeichnisse	liststotoc, idxtotoc, bibtotoc, bibtotocnumbered, liststotocnumbered	liststotoc
Verzeichnisse	listsindent, listsleft,	listsindent
Inhaltsverzeichnis	tocindent, tocleft	tocindent
Zusammenfassung[8]	abstracton, abstractoff	abstracton
Nummerierung[9]	pointednumbers, pointlessnumbers	pointednumbers
Gleichungsnummerierung	leqno	leqno
Gleichungsanordnung	fleqn	fleqn
Tabellenüberschrift	tablecaptionbelow, tablecaptionabove	tablecaptionabove
Tabellentyp »longtable«	origlongtable	--
Bibliografie	openbib	openbib
Dokument	draft, final	final

[1] Anhang mit oder ohne das Präfix »Anhang«.
[2] benötigt die Datei size8.clo des Pakets extsizes.
[3] dito für size9.clo.
[4] dito für size14.clo.
[5] dito für size17.clo.
[6] dito für size20.clo.
[7] X ist durch eine beliebige Zahl zu ersetzen, für die der Anwender eine entsprechende X.clo-Datei zur Verfügung stellen muss.
[8] Angabe, ob die Zusammenfassung mit oder ohne Titel erscheinen soll.
[9] Die Option bezieht sich auf alle nummerierten Überschriften.

2.3 Das Layout des Dokuments

Zuerst muss die Festlegung getroffen werden, ob es ein ein- oder zweiseitiges Dokument wird. Für ein zweiseitiges sollte der innere Rand ungefähr dieselbe Breite wie die beiden äußeren haben (Abb. 2.1). In [11] findet man eine ausführliche Beschreibung der historischen Hintergründe sowie unterschiedlichster Vorgehensweisen beim Aufteilen und Anordnen von Rändern und Textbereich.

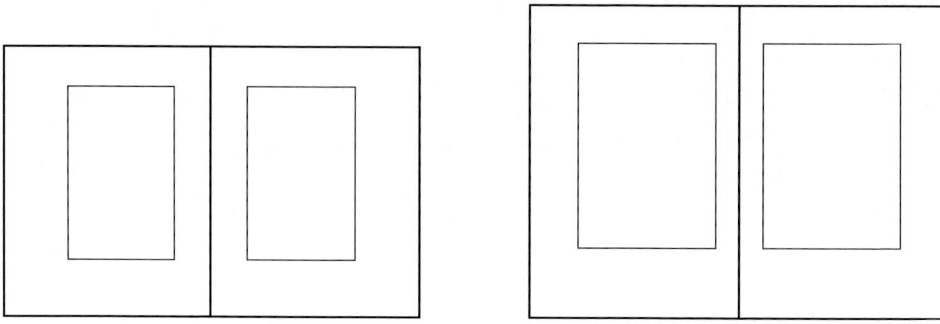

Abbildung 2.1: Der Satzspiegel – Anordnung einer Doppelseite bei LaTeX (links) und bei Gutenbergs Büchern (rechts).

Absätze (Paragraphen) werden entweder mit einem Einzug (`\parindent`) oder alternativ mit einem zusätzlichen vertikalen Abstand (`\parskip`) versehen. Beides zusammen ist eher ungewöhnlich und in Abbildung 2.3 auf S. 24 nur der Vollständigkeithalber gezeigt.

Ohne weitere Festlegungen ergibt sich für das DIN-A4-Format das in Abbildung 2.2 auf der nächsten Seite angegebene Seitenlayout mit den dort angegeben Werten. Anpassungen sollten unbedingt über das Paket `geometry` vorgenommen werden oder alternativ bei Verwendung einer der KOMA-Script-Klassen, über das Paket `scrpage2`.

Kopf- und Fußzeilen passt man am besten mit dem Paket `fancyhdr` an oder wieder mit `scrpage2`, wenn eine KOMA-Script-Klasse vorliegt. Für die einzelnen Listenumgebungen zeigt Abbildung 2.4 auf S. 24 die entsprechenden Bedeutungen der Längen, die zudem noch mit exemplarischen Werten auf Seite 65 angegeben sind. Änderungen sind mit der `list`-Umgebung (siehe Seite 33) oder durch Anwendung der Pakete `paralist` und `mdwlist`, die eine einfache Modifikation der Standardwerte erlauben. Lokale Änderungen direkt nach Beginn einer Listenumgebung sind zwar möglich, jedoch nicht unbedingt empfehlenswert.

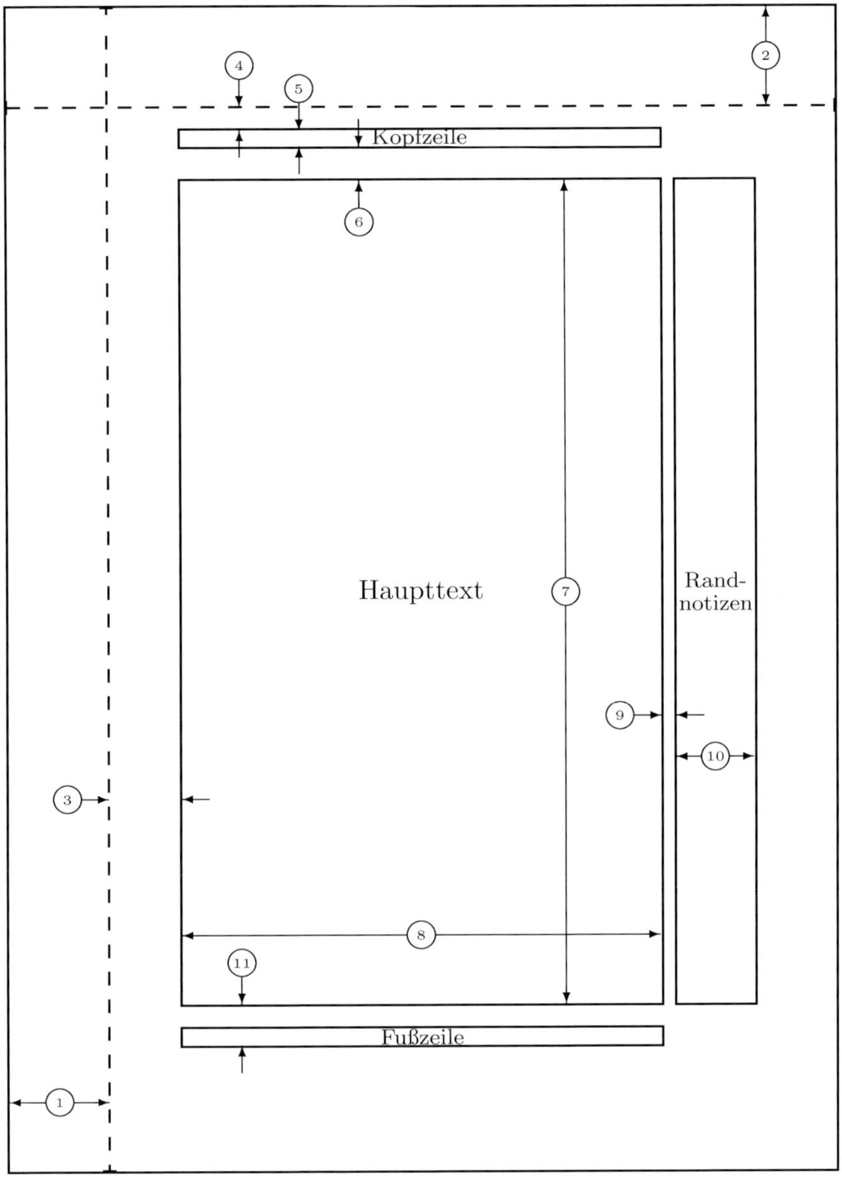

1	`ein Zoll + \hoffset`	2	`ein Zoll + \voffset`
3	`\oddsidemargin = 53pt`	4	`\topmargin = 17pt`
5	`\headheight = 12pt`	6	`\headsep = 25pt`
7	`\textheight = 598pt`	8	`\textwidth = 345pt`
9	`\marginparsep = 11pt`	10	`\marginparwidth = 57pt`
11	`\footskip = 30pt`		`\marginparpush = 5pt (ohne Abbildung)`
	`\hoffset = 0pt`		`\voffset = 0pt`
	`\paperwidth = 597pt`		`\paperheight = 845pt`

Abbildung 2.2: Die Bedeutung der einzelnen Abstände für das Standard-Seitenlayout der article-Klasse mit der a4paper-Option.

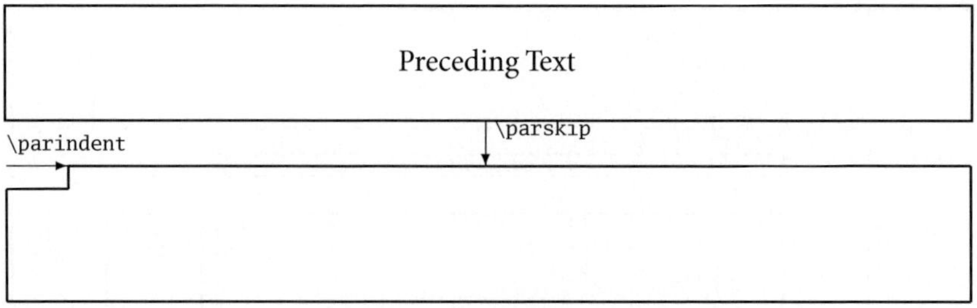

Abbildung 2.3: Absatz-Parameter

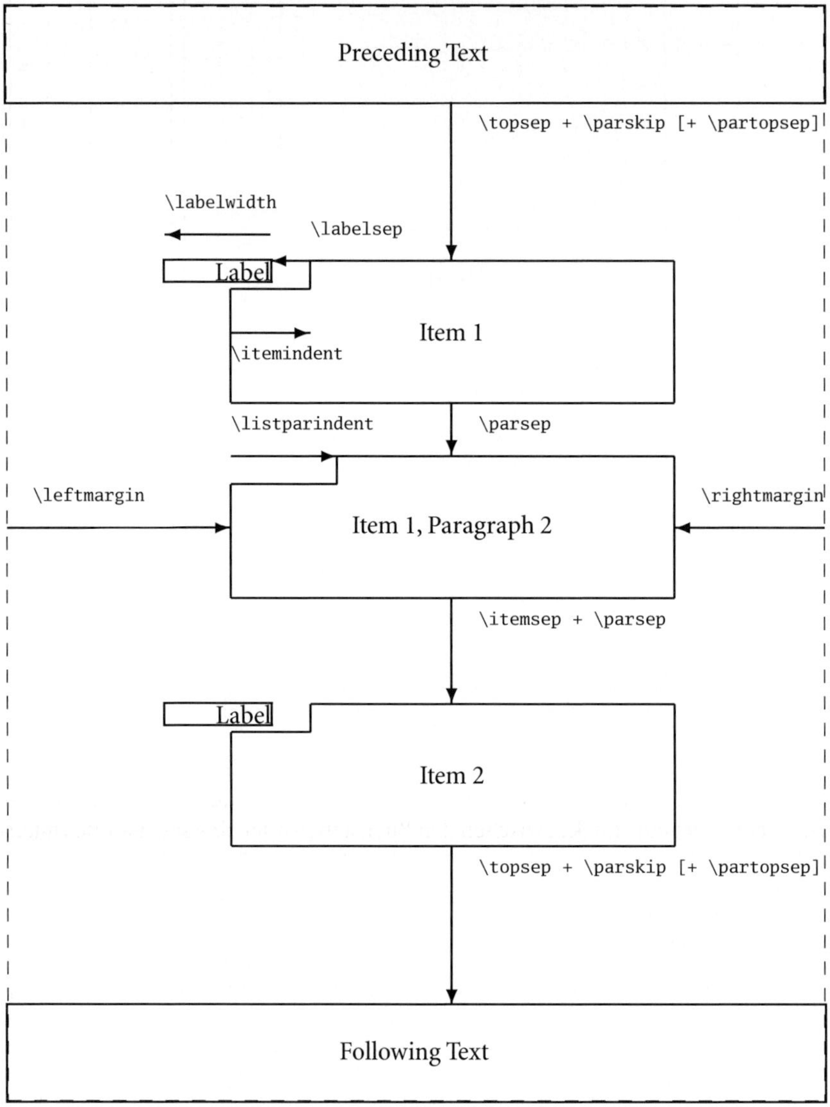

Abbildung 2.4: Allgemeines Layout einer Listenumgebung

Kapitel 3

Typografische Feinheiten

3.1 Ligaturen

Eine Ligatur (lat.: ligarī »(ver)bunden werden«) ist in der Typografie eine Verbindung von zwei oder mehreren Buchstaben zu einer optischen Einheit, sie entspricht *einem* Zeichen. Ligaturen werden heute vor allem dann verwendet, wenn zwei Buchstaben mit Oberlängen, wie beispielsweise f, i, l oder t, aufeinander folgen. Ohne eine Korrektur des horizontalen Abstandes entsteht entweder eine Lücke zwischen den Buchstaben oder eine sogenannte Unterschneidung. Tabelle 3.1 auf der nächsten Seite zeigt eine Auswahl an Ligaturen des hier verwendeten Zeichensatzes, wobei einige mehr und andere weniger offensichtlich sind. Alle anderen Ligaturen bestehen dann aus zwei Zeichen deren Abstand zueinander verkleinert wird.

Ligaturen sind grundsätzlich sprachenspezifisch, sodass im Deutschen einige Korrekturen vorzunehmen sind, da hier Ligaturen nur im selben Morphem, der kleinsten sprachlichen Einheit liegen dürfen. Sie sollen nicht für Buchstabenkombinationen erfolgen, die zwei Teilwörter verbinden. »Auflage« wäre daher falsch, »Auflage« dagegen korrekt. Das Aufbrechen einer Ligatur erfolgt bei Verwendung des Pakets `babel` mit der Zeichenkombination `"|` (im Quelltext `Auf"|lage` → Auflage) und ohne Verwendung von `babel` mit der Zeichenkombination `\/` (im Quelltext `Auf\/lage` → Auflage).

Tabelle 3.1: Zusammenstellung einiger Ligaturen

ohne	*mit*	*ohne*	*mit*
ff	ﬀ	fi	ﬁ
fl	ﬂ	ffi	ﬃ
ffl	ﬄ		
--	–	---	—

3.2 Trennungen

In der Regel ist der Trennalgorithmus von TeX so gut, dass nur in Ausnahmefällen ein manuelles Eingreifen nötig ist. Das folgende Beispiel zeigt die Anwendung der erzwungenen Trennstelle mit `\-` (andere nicht mehr zulässig), sowie die eines geschützten (`"~` keine Trennung) und ungeschützten (`"=` andere Trennung möglich) Bindestrichs. Daneben gibt es den unsichtbaren Trennstrich (`""`), der Trennungen ohne Ausgabe des Trennstrichs ermöglicht. Dokumentweit gültige Trennregeln können in der Präambel durch `\hyphenation` vorgenommen werden (siehe Abschnitt 4.2 auf S. 45).

- Jetzt kommt hier eine ganz normale Trennstelle
- Jetzt kommt hier eine ganz norma-le Trennstelle
- Jetzt kommt hier eine echte Binde-strich Trennstelle
- Jetzt kommt hier eine echte Bin-de-strich Trennstelle
- Jetzt kommt hier eine echte Binde-strich Trennstelle
- Jetzt kommt hier eine echte Bin-de-strich Trennstelle
- Jetzt kommt hier eine echte Linie/Kurve Trennstelle
- Jetzt kommt hier eine echte Linie/ Kurve Trennstelle

```
\usepackage[T1]{fontenc}\usepackage{paralist}
\usepackage[ngerman]{babel}
\begin{compactitem}
\item Jetzt kommt hier eine
    ganz normale Trennstelle
\item Jetzt kommt hier eine
    ganz norma\-le Trennstelle
\item Jetzt kommt hier eine
    echte Binde-strich Trennstelle
\item Jetzt kommt hier eine
    echte Binde"=strich Trennstelle
\item Jetzt kommt hier eine
    echte Binde"~strich Trennstelle
\item Jetzt kommt hier eine
    echte Bin\-de"~strich Trennstelle
\item Jetzt kommt hier eine
    echte Linie/Kurve Trennstelle
\item Jetzt kommt hier eine
    echte Linie/""Kurve Trennstelle
\end{compactitem}
```

Bsp. 3-2-1

Allgemeine Probleme beim Trennen treten aufgrund des verwendeten Trennalgorithmus insbesondere bei zusammengesetzten Wörtern auf, die im Deutschen relativ häufig anzutreffen sind. Dennoch hält sich diese Zahl im Vergleich zu anderen Trennalgorithmen in Grenzen. Die Daten mit den Trennvorschlägen befinden sich in der Datei `$TEXMF/tex/generic/hyphen` und können durch einen entsprechenden Eintrag in der Datei `$TEXMF/tex/generic/config/language.dat` aktiviert werden, sodass sie für die Dokumente zur Verfügung stehen.

3.3 Abkürzungen

Abkürzungen sollten grundsätzlich mit einem `\thinspace` gesetzt werden. Einige oft auftretende Beispiele zeigt Tabelle 3.2.

Tabelle 3.2: Zusammenstellung einiger Abkürzungen

Abkürzung	Eingabe	Ausgabe
zum Beispiel	foo, z.\,B. bar	foo, z. B. bar
das heißt	foo, d.\,h. bar	foo, d. h. bar
am angegebenen Ort	foo, a.\,a.\,O. bar	foo, a. a. O. bar
unter anderem	foo, u.\,a. bar	foo, u. a. bar
unter Umständen	foo, u.\,U. bar	foo, u. U. bar

Der Einsatz des xspace-Pakets (CTAN: `latex/contrib/tools/xspace.sty/`) ist hier bei einer Definition der Abkürzungen zu empfehlen, da in diesen Fällen ein folgendes Leerzeichen nicht verschluckt wird. xspace testet erst das folgende Zeichen, um dann zu entscheiden, ob ein Leerzeichen eingefügt wird oder nicht.

Bsp. 3-3-1

So ist es, z. B. nichts als ...
So ist es, z. B., nichts als ...

```
\usepackage{xspace}
\newcommand*\zB{z.\,B.\xspace}
So ist es, \zB nichts als \ldots\\
So ist es, \zB, nichts als \ldots
```

3.4 Physikalische Einheiten

Maßeinheiten werden grundsätzlich aufrecht gesetzt und sollten von der Maßzahl durch ein `\thinspace` getrennt werden. Empfehlenswert ist die Benutzung des Pakets `SIunits` (CTAN: `latex/contrib/SIunits/`) und bei zusammengesetzten Einheiten auch noch `nicefrac` (CTAN: `latex/contrib/units/`). Die folgenden Beispiele zeigen auch die Problematik des Kommas im mathematischen Modus.

Tabelle 3.3: Beispiele für die Anwendung von Einheiten

Einheit	Eingabe	Ausgabe
Newton	`17,35\,N`	17,35 N
Newton	`$17,35\,\mathrm{N}$`	$17,35\,\mathrm{N}$
Meter/Sekunde	`17,35\,m/s`	17,35 m/s
Meter/Sekunde	`17,35\,\nicefrac{m}{s}`	17,35 m/s
Meter/Sekunde	`$17,35\,\nicefrac{\mathrm{m}}{\mathrm{s}}$`	$17,35\,{}^{\mathrm{m}}/_{\mathrm{s}}$
Meter/Sekunde	`$17,35\,\nicefrac{\textrm{m}}{\textrm{s}}$`	$17,35\,{}^{\textrm{m}}/_{\textrm{s}}$
Meter/Sekunde	`$17,35\,\frac{\mathrm{m}}{\mathrm{s}}$`	$17,35\,\frac{\mathrm{m}}{\mathrm{s}}$
Meter/Sekunde	`$17,35\,\frac{\textrm{m}}{\textrm{s}}$`	$17,35\,\frac{\textrm{m}}{\textrm{s}}$
Meter/Sekunde	`17,35\,$\frac{\textrm{m}}{\textrm{s}}$`	17,35 $\frac{\textrm{m}}{\textrm{s}}$

3.5 Anführungsstriche

Es gibt eine zunehmende Tendenz, die deutschen Anführungsstriche durch modifizierte französische zu ersetzen. Wie auch in dieser Veröffentlichung wird „Deutsch“ durch »Deutsch« ersetzt, wohingegen die Franzosen « Deutsch » verwenden. In der frankophonen Schweiz findet man teilweise beide Varianten. Wie die korrekten Anführungsstriche in einem deutschen Text zu erreichen sind, zeigt die folgende Zusammenstellung. Das Paket csquote kann hier hilfreich sein.

Tabelle 3.4: Zusammenstellung der verschiedenen Anführungsstriche und Hochkommata

Ausgabe	*Eingabe*
„deutsch“	"`deutsch"'
„deutsch“	,,deutsch``
„deutsch“	\glqq deutsch\grqq{}
‚deutsch‘	,deutsch`
‚deutsch‘	\glq deutsch\grq{}
„ja, ‚deutsch‘ ist es“	"`ja, ,deutsch` ist es"'
„ja, ‚deutsch‘ ist es“	\glqq ja, \glq deutsch\grq{} ist es\grqq{}
“englisch”	``englisch''
“ja, ‘englisch’ ist es”	``ja, `englisch' ist es''
« französisch »	\flqq\,französisch\,\frqq{}
« französisch »	"<\,französisch\,">
‹ französisch ›	\flq\,französisch\,\frq{}
« ja, ‹ französisch › ist es »	\flqq\,ja, \flq\,französisch\,\frq{} ist es\,\frqq{}
$1'$ (Bogenminute)	$1^\prime$
$1''$ (Bogensekunde)	$1^{\prime\prime}$
$1''$ (Zoll)	$1^{\prime\prime}$

3.6 Sonderzeichen

Die verschiedenen Fonts haben fast alle ihre eigene Version eines Eurozeichens, welches nicht unbedingt der »offiziellen« Vorgabe entsprechen muss, beispielsweise \texteuro (siehe Tabelle 3.5 auf der nächsten Seite) oder auch € (\geneuro) im Gegensatz zu € (siehe auch http://de.wikipedia.org/wiki/Euro), beziehungsweise der Konstruktionsvorgabe:

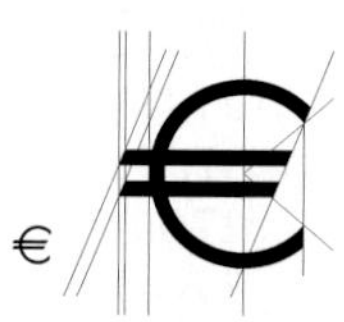

```
\usepackage{eurosym}
\euro\quad
\fontsize{50}{50}
\usefont{U}{eurosym}{m}{n}
\symbol{0}
```

Bsp. 3-6-1

Das Gradzeichen sollte mit \textdegree (siehe Tabelle 3.5 auf der nächsten Seite) eingegeben werden, denn nur so sind Konflikte mit anderen Eingabekodierungen zu vermeiden. Das Paket gensymb definiert ebenfalls neben anderen auch ein Gradsymbol. Die Tabelle 3.5 auf der nächsten Seite zeigt daneben zwei weitere Möglichkeiten und zusätzlich eine Zusammenstellung der häufig angewendeten \textXXXX-Befehle des textcomp-Paketes. Zu beachten ist allerdings, dass nicht alle Zeichen in jedem geladenen Font vorhanden sein müssen!

Tabelle 3.5: Zusammenstellung einiger Sonderzeichen und der textcomp-Zeichen

Eingabe	*Ausgabe*	*Eingabe*	*Ausgabe*	*Eingabe*	*Ausgabe*
5°	5°	5°	5°	\S\,9	§ 9
5\,\%	5 %	\copyright{}	©		
\textquotestraightbase	‚	\textquotestraightdblbase	„	\texttwelveudash	—
\textthreequartersemdash	—	\textdollar	$	\textquotesingle	'
\textasteriskcentered	∗	\textfractionsolidus	⁄	\textminus	−
\textlbrackdbl	⟦	\textrbrackdbl	⟧	\textasciigrave	`
\texttildelow	˷	\textasciibreve	˘	\textasciicaron	ˇ
\textgravedbl	̏	\textacutedbl	˝	\textdagger	†
\textdaggerdbl	‡	\textbardbl	‖	\textperthousand	‰
\textbullet	•	\textcelsius	℃	\textflorin	ƒ
\texttrademark	™	\textcent	¢	\textsterling	£
\textyen	¥	\textbrokenbar	¦	\textsection	§
\textasciidieresis	¨	\textcopyright	©	\textordfeminine	ª
\textlnot	¬	\textregistered	®	\textasciimacron	¯
\textdegree	°	\textpm	±	\texttwosuperior	²
\textthreesuperior	³	\textasciiacute	´	\textmu	µ
\textparagraph	¶	\textperiodcentered	·	\textonesuperior	¹
\textordmasculine	º	\textonequarter	¼	\textonehalf	½
\textthreequarters	¾	\texttimes	×	\textdiv	÷
\texteuro	€	\textohm	Ω	\textestimated	℮
\textcurrency	¤	\textleftarrow	←	\textrightarrow	→
\textblank	␢	\textdblhyphen	⹀	\textzerooldstyle	0
\textoneoldstyle	1	\texttwooldstyle	2	\textthreeoldstyle	3
\textfouroldstyle	4	\textfiveoldstyle	5	\textsixoldstyle	6
\textsevenoldstyle	7	\texteightoldstyle	8	\textnineoldstyle	9
\textlangle	〈	\textrangle	〉	\textmho	℧
\textbigcircle	◯	\textuparrow	↑	\textdownarrow	↓
\textborn	★	\textdivorced	⚮	\textdied	†
\textleaf	🍃	\textmarried	⚭	\textmusicalnote	♪
\textdblhyphenchar	⹀	\textdollaroldstyle	$	\textcentoldstyle	¢
\textcolonmonetary	₡	\textwon	₩	\textnaira	₦
\textguarani	₲	\textpeso	₱	\textlira	₤
\textrecipe	℞	\textinterrobang	‽	\textinterrobangdown	⸘
\textdong	₫	\textpertenthousand	‱	\textpilcrow	¶
\textbaht	฿	\textnumero	№	\textdiscount	⁒
\textopenbullet	◦	\textservicemark	℠	\textlquill	⁅
\textrquill	⁆	\textcopyleft	🄯	\textcircledP	℗
\textreferencemark	※	\textsurd	√	\textcircled{*Ziffer*}	⑦

3.7 Floatparameter

Die Positionierung von Gleitumgebungen hängt von verschiedenen Parametern ab, die von LaTeX nicht immer optimal vorgegeben werden. Durch das Präfix `dbl` für *double* erfolgt eine Unterscheidung der Parameter für den *twocolumn*-Modus. Die Vorgabe der einzelnen Werte ist jeweils abhängig von der Dokumentenklasse und kann daher auch wieder von den hier angegebenen Werten abweichen.

Name	*Beschreibung*	*Wert*
Zähler: Werte ändern mit `\setcounter{`*Zähler*`}{`*Wert*`}`		
topnumber	Maximale Zahl an Floats für Position `t` pro Seite.	2
dbltopnumber	dito, für Zweispaltensatz.	2
bottomnumber	dito, für Position `b`.	1
totalnumber	Maximalzahl pro Seite.	3
Fraction: Werte ändern mit `\renewcommand\`⟨*Name*⟩`{0.0 ... 1.0}`		
\topfraction	Maximaler Anteil einer Seite mit Floats vom Typ `t`.	.8
\dbltopfraction	dito, für Zweispaltensatz.	.7
\bottomfraction	dito, für Typ `b`.	.4
\floatpagefraction	Maximaler Anteil von Floats auf einer Seite.	.8
\dblfloatpagefraction	dito, für Zweispaltensatz	.5
\textfraction	Minimaler Anteil an Text	.18
Länge: Werte ändern mit `\setlength\`⟨*Name*⟩`{`*Wert*`}`		
\floatsep	Abstand zwischen Floats vom Typ `t` und `b`.	20.0pt plus 6.0pt
\dblfloatsep	dito, für Zweispaltenmodus.	20.0pt plus 6.0pt
\textfloatsep	Abstand zwischen Float vom Typ `t` und `b` und Text.	20.0pt plus 8.0pt
\dbltextfloatsep	dito, für Zweispaltenmodus.	20.0pt plus 2.0pt minus 4.0pt
\intextsep	Abstand zwischen Float vom Typ `h` und Text.	6.0pt plus 1.0pt minus 1.0pt
\@fptop	Oberer Seitenabstand für Float vom Typ `p`	0.0pt plus 100.0pt
\@fpbot	dito, für unten	0.0pt plus 100.0pt
\@fpsep	Abstand zwischen zwei Floats vom Typ `p`	20.0pt plus 6.0pt
Befehle		
\suppressfloats `[`*Wert*`]`	Nach diesem Befehl keine weiteren Floats auf der Seite. Eine optionale Angabe von `t` oder `b` beschränkt dies auf den Typ.	
\clearpage	Ausgabe aller offenen Floats, bevor eine neue Seite begonnen wird.	
\cleardoublepage	dito, für den Zweiseitenmodus.	

Die Anwendung des `caption`-Paketes ist zu empfehlen, da es vielfältige Möglichkeiten für die Formatierung der Bild- oder Tabellenbeschreibung ermöglicht. Soll eine Abbildung oder Tabelle ausdrücklich *nicht* gleiten, aber eine Über- oder Unterschrift bekommen, so ist die Anwendung des `\captionof`-Makros zu empfehlen (Paket `capt-of` oder `caption`). Eigene Gleitumgebungen lassen sich mit dem Paket `float` definieren.

Kapitel 4

Befehlsliste

Die folgende Liste der Befehle enthält alle mehr oder weniger LaTeX-spezifischen Makros und Umgebungen. Bei selbsterklärenden Namen wird auf eine weitergehende Beschreibung verzichtet. *Optionale* Argumente bzw. Zeichen sind jeweils grau hinterlegt. Eine Abgrenzung zu den reinen TeX-Befehlen (`http://www.ctan.org/tex-archive/info/plain-doc/csname.txt`) ist nur immer dann einfach, wenn es sich um ein sogenanntes TeX-Primitiv handelt. Ohnehin ist LaTeX faktisch abwärtskompatibel, d. h. alle TeX-Befehle funktionieren in der Regel auch unter LaTeX, wenn sie dort nicht neu definiert wurden und somit nicht mehr die alte Bedeutung haben.

4.1 Umgebungen

Name	*Beschreibung*
`$...$`	Robuste, mathematische Umgebung für den Zeilenmodus. Äquivalent zur `math`-Umgebung und `\(...\)`.
`\(...\)`	Nichtrobuste, mathematische Umgebung für den Zeilenmodus. Äquivalent zu `math` und `$...$`. Mit dem Laden des Pakets `fixltx2e` wird `\(...\)` ebenfalls als robust definiert.
`\[...\]`	Kurzform der `displaymath`-Umgebung.
`\begin{`**`abstract`**`}...\end{abstract}`	
	Für article und report kann hiermit eine Zusammenfassung angegeben werden, die etwas schmaler als die aktuelle Linienbreite gesetzt wird.
`\begin{`**`array`**`}` `[`*Position*`]` `{`*Spaltendefinition*`}...\end{array}`	
	Für die vertikale Position können b (*bottom*), t (*top*) und c (*center* – Standard)

Fortsetzung ...

Name	*Beschreibung*

angegeben werden. Die Umgebung kann nur im mathematischen Modus auftreten und wird beim Laden des Pakets `array` erheblich erweitert (siehe auch Abschnitt 7.4 auf S. 98).

`\begin{`**`center`**`}` … `\end{center}`

Entspricht einer `trivlist` mit `\centering`, sodass vor und nach der Umgebung der für eine Liste typische zusätzliche Leerraum eingefügt wird (siehe auch Abschnitt 2.4 auf S. 24). Sie sollte daher *nicht* im Zusammenhang mit Gleitumgebungen und `\caption` angewendet werden, hier ist `\centering` zu empfehlen.

`\begin{`**`description`**`}` `\item[`*Label*`]` *Text* `\item[`*Label*`]`…`\end{description}`

Die Label sind alle eingerückt und werden rechtsbündig und in Fettschrift gesetzt. Je nach Dokumentenklasse kann es ein unterschiedliches Verhalten geben.

`\begin{`**`displaymath`**`}` … `\end{displaymath}`

Erstellt eine abgesetzte Formel ohne Nummerierung:

$$\sin^2 x + \cos^2 x = 1$$

`\begin{`**`document`**`}` … `\end{document}`

Beginnt und beendet den Textkörper und kann je Dokument auch nur einmal auftreten.

`\begin{`**`enumerate`**`}` `\item` `[#]` *Text* `\item` `[#]` *Text* … `\end{enumerate}`

Die Umgebung erstellt eine nummerierte Liste, die bis zu einer Tiefe von 4 geschachtelt werden kann. Mit dem optionalen Argument bei `\item` kann die standardmäßige Nummerierung ignoriert werden. Ohne das optionale Argument wird einer der Zähler `enumi`, `enumii`, `enumiii` oder `enumiv` benutzt, der für die aktuell gültige Ebene gerade aktiv ist. Der Ausgabestil dieser Zähler ist durch `\labelenumi`, `\labelenumii`, … festgelegt und kann überschrieben werden, beispielsweise: `\renewcommand*\labelenumi{\Roman{`*enumi*`}}`.

`\begin{`**`eqnarray`**`*}` … & … & … `\\` … & … & … `\\` … `\end{eqnarray*}`

Erstellt eine mehrzeilige abgesetzte Formel mit zeilenweiser Nummerierung als `array` mit der vorgegebenen Spaltendefinition `{`*rcl*`}` und zusätzlich dem mathematischen Schriftstil `\scriptstyle` für die mittlere Spalte. Die Zahl der Zeilen ist theoretisch nicht begrenzt. Die Sternversion unterdrückt die Nummerierung. `eqnarray` sollte sowohl wegen ungünstigen horizontalen und vertikalen Abständen durch eine der `align`-Umgebungen aus dem `amsmath`-Paket ersetzt werden (siehe Abschnitt 7.6 auf S. 113).

$$\sin x = \cos x \cdot \tan x \qquad (4.1)$$

$$\sin^2 x + \cos^2 x = 1 \qquad (4.2)$$

`\begin{`**`equation`**`}` … `\end{equation}`

Erstellt eine einzeilige abgesetzte Formel mit Nummerierung.

$$\sin^2 x + \cos^2 x = 1 \qquad (4.3)$$

`\begin{`**`figure`**`*}` `[`*Pos*`]` … `\end{figure*}`

Erstellt eine Gleitumgebung, deren Inhalt von LaTeX frei im aktuellen Abschnitt positioniert wird. Der Inhalt ist beliebig, er muss nicht notwendigerweise ei-

Fortsetzung …

Name	*Beschreibung*
	ne Abbildung sein. Erst mit Anwendung des `\caption`-Befehls unterscheidet LaTeX die einzelnen Gleitumgebungen `figure` und `table`. Die Umgebung kann keine Seitenumbrüche enthalten. Das optionale Argument kann für Positionierungsvorschläge benutzt werden: *h* – here; *t* – top; *b* – bottom; *p* – page (eigene Seite). Die Standardklassen article und book haben standardmäßig *tbp* als Vorgabe, eine ausschließliche Angabe von *h* wird automatisch zu *ht* ergänzt. Durch ein führendes Ausrufungszeichen *!* (beispielsweise *!htb* kann LaTeX alle Längenparameter, die für das Platzieren von Gleitumgebungen von Bedeutung sind, minimieren. Die Reihenfolge der Platzierungsparameter ist unerheblich. Die Sternversion erzeugt im `\twocolumn`-Modus eine über beide Spalten gehende Gleitumgebung (jedoch nicht auf der ersten Seite).

`\begin{`**`filecontents*`**`}{`*Dateiname*`}` ... `\end{filecontents*}`
: Erstellt die Datei *Dateiname* und schreibt in diese den Inhalt der Umgebung. Die Sternversion unterdrückt dabei die ersten drei Kommentarzeilen. Existiert die Datei bereits, wird nichts unternommen. Überschreiben ist möglich mit dem Paket `filecontents`.

`\begin{`**`flushleft`**`}` ... `\end{flushleft}`
: Stellt auf linksbündigen Flattersatz ohne Trennungen um, indem der Inhalt der Umgebung in einer `trivlist` mit `\raggedright` gesetzt wird. Das Paket `ragged2e` stellt eine `FlushLeft`-Umgebung zur Verfügung, die Trennungen ermöglicht.

`\begin{`**`flushright`**`}` ... `\end{flushright}`
: Stellt auf rechtsbündigen Flattersatz ohne Trennungen um, indem der Inhalt der Umgebung in einer `trivlist` mit `\raggedleft` gesetzt wird. Das Paket `ragged2e` ermöglicht mit der `FlushRight`-Umgebung auch Trennungen.

`\begin{`**`itemize`**`} \item [`*Symbol*`]` *Text* `\item [`*Symbol*`]` *Text* ... `\end{itemize}`
: Die Umgebung erstellt eine markierte Liste, die bis zu einer Tiefe von 4 geschachtelt werden kann. Mit dem optionalen Argument bei `\item` kann das standardmäßige Symbol ignoriert werden. Ohne das optionale Argument wird einer der Ausgabestile `\labelitem`, `\labelitemii`, ... benutzt. Diese können überschrieben werden, z. B.: `\renewcommand\labelitemiii{$\Box$}`.

- Item 1
  - Item 1.2
  - Item 1.2
    - □ Item 1.1.1
      - → Item 1.1.1.1
    - □ Item 1.1.2
  - Item 1.3
- Item 2

`\begin{`**`list`**`}{`*Label*`}{`*Parameter*`} \item [...]` *Text* `\item [...]` *Text* ... `\end{list}`
: Mit dieser Umgebung können beliebige List-Umgebungen definiert werden. Mit dem optionalen Argument von `\item` können die durch *Label* vorgegebenen Marken jederzeit überschrieben werden. Mit *Parameter* können insbesondere die Längenparameter festgelegt werden:

Fortsetzung ...

Name	*Beschreibung*	
	`\topsep`	zusätzlicher vertikaler Abstand zu Beginn der Liste;
	`\partopsep`	zusätzlicher vertikaler Abstand zu Beginn der Liste, falls davor eine Leerzeile ist (sollte als dynamische Länge definiert werden);
	`\itemsep`	zusätzlicher vertikaler Abstand zwischen `\item`;
	`\parsep`	zusätzlicher vertikaler Abstand zwischen Absätzen innerhalb eines`\item`;
	`\leftmargin`	horizontaler Abstand zwischen dem linken Rand der Umgebung und `\item`;
	`\rightmargin`	horizontaler Abstand zwischen dem rechtenRand der Umgebung und dem Listentext;
	`\listparindent`	Absatzeinzug eines `\item` (kann negativ sein);
	`\itemindent`	Zeileneinzug der ersten Zeile eines `\item` (kann negativ sein);
	`\labelsep`	horizontaler Abstand zwischen Label und Text;
	`\labelwidth`	Label-Boxbreite, die ein Mindestmaß ist, da breitere Label automatisch zu einer größeren Box führen;
	`\makelabel{`*Label*`}`	generiert das Label;
	`\usecounter{`*Zähler*`}`	aktiviert den Zähler, der in der List-Umgebung benutzt werden soll.

`\begin{`**`lrbox`**`}{\`⟨*Boxname*⟩`}`...`\end{lrbox}`

Der Inhalt der Umgebung wird in das vorher zu definierende Box-Register `\`⟨*Boxname*⟩ gespeichert (entspricht `\sbox`). Zeilenumbrüche sind nur bei Anwendung einer `\parbox` oder `minipage` möglich.

`\begin{`**`math`**`}`...`\end{math}`

Selten benutzte Notation für eine mathematische Umgebung für den Zeilenmodus. Äquivalent zur `math`-Umgebung und `$...$`. Letztere ist robust.

`\begin{`**`minipage`**`}[`*vPos*`] [`*Höhe*`] [`*iPos*`] {`*Breite*`}`...`\end{minipage}`

Setzt den Inhalt der Umgebung in eine Box der angegebenen {*Breite*}, die keinen Seitenumbruch aufweisen darf. Der optionale Parameter *vPos* kennzeichnet die vertikale Position bezogen auf die Zeile: *c* für zentriert, *b* Basislinie der letzten Boxzeile und umgebende Basislinie sind gleich und *t* für Basislinie der erste Boxzeile und umgebende Basislinie sind gleich. Mit dem zweiten optionalen Parameter kann der Box eine bestimmte Höhe gegeben werden und mit dem dritten, ebenfalls optionalen Parameter kann die innere vertikale Ausrichtung beeinflusst werden (Standard ist *c*):

c:
```
\begin{minipage}[b][6ex][c]{2em}
Ein\\Text
\end{minipage}
```
Ein
Text

b:
```
\begin{minipage}[b][6ex][b]{2em}
Ein\\Text
\end{minipage}
```
Ein
Text

Fortsetzung ...

Name *Beschreibung*

t: `\begin{minipage}[b][6ex][t]{2em} Ein\\Text \end{minipage}` → Ein / Text

s: `\begin{minipage}[b][6ex][s]{2em} Ein\par\vfill Text \end{minipage}` → Ein / Text

s ist nur wirksam, wenn der Inhalt dehnbaren vertikalen Zwischenraum enthält. Für die Angabe der optionalen Parameter gilt, dass entweder nur `[`*vPos*`]` oder nur `[`*vPos*`][`*Höhe*`]` oder alle drei angegeben werden müssen. Fußnoten werden in einer `minipage`-Umgebung mit kleinen Buchstaben gezählt und sind selbst Teil der `minipage`, d. h., sie erscheinen nicht notwendigerweise unten auf der Seite (siehe auch Makro `\fnsymbol` auf Seite 43).

`\begin{`**`picture`**`}`(x,y) (dx,dy) ... `\end{picture}`

Die Angaben zu den Größen sind ohne Einheit vorzunehmen, da die durch `\unitlength` definierte Vorgabe herangezogen wird. Der optionale Offset (dx, dy), der die Koordinaten der linken, unteren Ecke kennzeichnet, wird bei fehlender Angabe als *(0,0)* angenommen.

`\begin{`**`quotation`**`}` ... `\end{quotation}`

Beginnt einen neuen Absatz mit zusätzlichem linken und rechten Rand. Im Gegensatz zur `quote`-Umgebung wird *ein* Absatzeinzug vorgenommen, wenn `\parindent` entsprechend festgelegt ist.

`\begin{`**`quote`**`}` ... `\end{quote}`

Beginnt einen neuen Absatz mit zusätzlichem linken und rechten Rand. Im Gegensatz zur `quotation`-Umgebung wird *kein* Absatzeinzug vorgenommen.

`\begin{`**`sloppypar`**`}` ... `\end{sloppypar}`

beginnt und beendet im Gegensatz zu `\sloppy` einen Absatz.

`\begin{`**`tabbing`**`}` ... `\end{tabbing}`

Ermöglicht eine tabellarische Anordnung auch im Zweispaltenmodus und über mehrere Seiten hinweg. Innerhalb der Umgebung stehen folgende Befehle zur Verfügung:

- `\=` Setzt einen Tabstop an der aktuellen Position.
- `\>` Springt zum nächsten Tabstop.
- `\<` Ermöglicht etwas links vom linken Rand zu setzen ohne diesen zu ändern.
- `\+` Der linke Rand wird einen Tabstop nach rechts versetzt.
- `\-` Der linke Rand wird einen Tabstop nach links versetzt.
- `\'` Der vor dem `\'`-Befehl stehende Text wird rechtsbündig und der folgende Text linksbündig gesetzt.
- `` \` `` Der dem `` \` ``-Befehl folgende Text wird rechtsbündig in der Zeile gesetzt.
- `\a` Zum Setzen von Akzenten innerhalb der `tabbing`-Umgebung, beispielsweise `\a 'e`→é.
- `\kill` Löscht die aktuelle (Muster-)Zeile und behält die darin definierten Tabstops.
- `\pushtabs` Speichert oder setzt alle aktuellen Tabstops, je nach Reihenfolge.

Fortsetzung ...

Name	*Beschreibung*

`\begin{`**`table*`**`} [Pos] ...\end{table*}`

Erstellt eine Gleitumgebung, deren Inhalt von LaTeX frei im aktuellen Abschnitt positioniert wird. Der Inhalt ist beliebig, er muss nicht notwendigerweise eine Tabelle sein. Ansonsten gelten die gleichen Bedingungen wie bei der `figure`-Umgebung (siehe Seite 32).

`\begin{`**`tabular`**`}` [*Position*] {*Spaltendefinition*} ... `\end{tabular}`

Für die vertikale *Position* können `b` (*bottom*), `t` (*top*) und `c` (*center* – Standard) angegeben werden. Für die Spaltendefinition sind folgende Parameter möglich:

`l` linksbündige Spalte `r` rechtsbündige Spalte `c` zentrierte Spalte

`p{`*Breite*`}`	`\parbox` mit der vertikalen Position t (top) (siehe Seite 51)
`|`	vertikale Linie
`@{`*Text*`}`	unterdrückt den festgelegten Spaltenabstand und fügt stattdessen *Text* ein. Mit `\extracolsep{`*Länge*`}` anstelle von *Text* kann zusätzlicher Spaltenabstand definiert werden.

`\begin{`**`tabular*`**`}{`*Breite*`}` [*Position*] {*Spaltendefinition*} ... `\end{tabular*}`

Die Sternversion streckt die *rechte* Spalte, bis die gesamte Tabelle die vorgegebene Breite erreicht. Für die vertikale Position können `b` (*bottom*), `t` (*top*) und `c` (*center* – Standard) angegeben werden.

`\begin{`**`thebibliography`**`}{`*Labelbreite*`}`
`\bibitem` [*Label*] {*Schlüssel*} Text `\bibitem` [*Label*] {*Schlüssel*} Text ...
`\end{thebibliography}`

Erstellt die Bibliografie als unnummeriertes Kapitel mit der Standardüberschrift *Bibliografie* beziehungsweise *Referenzen* für die article-Klasse. Die *Labelbreite* wird in Form einer beliebigen Zeichenkette vorgegeben, z. B. *999*.

`\begin{`**`theindex`**`} \item ... \subitem ... \subsubitem ... \end{theindex}`

Erstellt den Index als unnummeriertes Kapitel mit der Standardüberschrift *Index*. Bei einer Arbeit mit dem Program makeindex wird dieser automatisch erstellt und in der Datei `\jobname.ind` gespeichert. Mit `\printindex` kann diese Datei dann in das Dokument eingefügt werden.

`\begin{`**`titlepage`**`} ... \end{titlepage}`

Innerhalb dieser Umgebung kann ein Titel nach eigen Vorstellungen entworfen werden, während die äußeren Bedingungen, wie bei `\titlepage` gleich bleiben, beispielsweise keine Seitenzahl auf der Titelseite.

`\begin{`**`trivlist`**`} ... \end{trivlist}`

Entspricht einer Liste ohne Label und Listenerklärung, bei der die Längen `\listparindent=\parindent` und `\parsep=\parskip` gesetzt werden, während alle anderen Größen gleich 0 pt sind.

`\begin{`**`verbatim*`**`} ... \end{verbatim*}`

Der Inhalt der Umgebung wird im Schriftstil `\verbatim@font` (in der Regel: `\normalfont\ttfamily`) und in einem eigenen Absatz so wiedergegeben, wie er eingegeben wurde; Befehle werden nicht interpretiert. Die Sternversion gibt die Leerzeichen als ␣ aus.

`Die␣verbatim*␣Umgebung`

`\begin{`**`verse`**`} ... \end{verse}`

Umgebung für Verse eines Gedichts; Zeilenumbrüche werden mit `\\` erzeugt.

4.2 Befehle

Name	*Beschreibung*
{	Entspricht \bgroup, beginnt eine lokale Gruppe und muss mit } oder \egroup beendet werden.
}	Entspricht \egroup und beendet eine lokale Gruppe.
~	ergibt ein \nobreakspace, nach diesem Zeichen darf nicht getrennt werden, beispielsweise »Abb.~\ref{\ldots}«.
\⟨*space*⟩	Fügt ein normales »Leerzeichen« ein. Wichtig nach einem Punkt ohne Satzende oder nach einem Befehl.
\@	Vor einem Punkt sorgt \@ dafür, dass dieser grundsätzlich als Satzendezeichen und nach einem Punkt, dass dieser grundsätzlich *nicht* als Satzendekennzeichen behandelt wird (wichtig bei Abkürzungen).
* [*Länge*]	Beginnt innerhalb eines Absatzes eine neue Zeile. Die Sternversion verhindert einen eventuell folgenden Seitenumbruch. Mit der Angabe von *Länge* kann ein zusätzlicher Zeilenvorschub erreicht werden, der auch negativ sein kann.
\,	Fügt im Textmodus einen \thinspace und im mathematischen Modus einen \thinmuskip ein.
\;	Fügt im mathematischen Modus einen so genannten *thick muskip* ein.
\:	Fügt im mathematischen Modus einen so genannten *medium muskip* ein.
\!	Fügt im mathematischen Modus einen so genannten *negative thin muskip* ein.
\-	Im normalen Text Markierung einer Trennstelle. Innerhalb einer tabbing-Umgebung wird der linke Rand einen Tabstop nach links versetzt.
\=	Setzt einen Tabstop (innerhalb einer tabbing-Umgebung).
\>	Springt zum nächsten Tabstop (innerhalb einer tabbing-Umgebung).
\<	Ermöglicht etwas links vom linken Rand zu setzen, ohne diesen zu ändern.
\+	Innerhalb einer tabbing-Umgebung wird der linke Rand einen Tabstop nach rechts versetzt.
\'	Im normalen Text wird das folgende Zeichen mit einem Akzent (*acute*) versehen: \'a→á. Innerhalb einer tabbing-Umgebung wird der vor dem \'-Befehl stehende Text rechtsbündig und der folgende Text linksbündig gesetzt.
\`	Im normalen Text wird das folgende Zeichen mit einem Akzent (*grave*) versehen: \`a→à. Innerhalb einer tabbing-Umgebung wird der dem \`-Befehl folgende Text rechtsbündig in der Zeile gesetzt.
|	‖, nur im mathematischen Modus.
\(	Beginnt den mathematischen Inline-Modus.
\)	Beendet den mathematischen Inline-Modus.
\[	Beginnt den abgesetzten mathematischen Modus.
\]	Beendet den abgesetzten mathematischen Modus.
\/	Italic-Korrektur, beispielsweise [*f*]→[*f*] [{\itshape f}\/].
\#	Gibt das #-Zeichen aus.
\$	Gibt das $-Zeichen aus, alternativ auch mit \textdollar→$ möglich.
\%	Gibt das %-Zeichen aus.
\&	Gibt das &-Zeichen aus.
\~	Gibt das ~-Zeichen aus, alternativ auch mit \textasciitilde→~ möglich.
_	Gibt das _-Zeichen aus (textunderscore).

Fortsetzung …

Name	*Beschreibung*
`\^`	Gibt das ^-Zeichen aus , alternativ auch mit `\textasciicircum`→^ möglich.
`\}`	Gibt das }-Zeichen aus.
`\{`	Gibt das {-Zeichen aus.
`\AA`	Identisch zum Befehl `\r{A}` → Å
`\aa`	Identisch zum Befehl `\r{a}` → å
`\addcontentsline`{*Dateityp*}{*Ebene*}{*Eintrag*}	Fügt den *Eintrag* als Überschriftenebene *Ebene* in die Datei mit der Endung *Dateityp* ein. Die Standarddateitypen sind `toc` (*table of contents*), `lof` (*list of figures*) oder `lot` (*list of tables*). Die *Ebene* ist abhängig von der Dokumentenklasse und muss eine zulässige Angabe wie *chapter*, *section*,... sein.
`\addtocontents`{*Dateityp*}{*Eintrag*}	Fügt den *Eintrag* in die Datei mit der Endung *Dateityp* ein. Die Standarddateitypen sind `.toc` (*table of contents*), `.lof` (*list of figures*) oder `.lot` (*list of tables*).
`\addtocounter`{*Zähler*}{*Wert*}	Zu dem existierenden *Zähler* wird der positive oder negative *Wert* addiert.
`\addtolength`\⟨*Längenmakro*⟩{*Länge*}	Addiert zu \⟨*Längenmakro*⟩ die *Länge*, wobei diese eine Einheit haben muss. Der Wert kann auch negativ oder ein Teil eines gegebenen Längenmakros sein: `\addtolength\topskip{-0.3\normalbaselineskip}` → 6.48398pt.
`\addvspace`{*Länge*}	Fügt den angegebenen zusätzlichen vertikalen Abstand ein. Wurde bereits vorher `\addvspace` aufgerufen, so wird der zusätzliche Abstand nur eingefügt, wenn der vorhergehende kleiner als *Länge* war und auch dann nur die Differenz zu *Länge*.
`\alph`{*Zähler*}	Gibt den Wert von *Zähler* als Kleinbuchstaben aus: `\alph`{*chapter*}→d.
`\and`	Sprachabhängiger Befehl für die Aufzählung von Autoren.
`\appendix`	Ändert die Nummerierung von Überschriften, Gleichungen,..., wie es für einen Anhang üblich ist, beispielsweise für die Standard-book-Klasse: `\gdef\thechapter{\@Alph\c@chapter}`.
`\arabic`{*Zähler*}	Gibt den Wert von *Zähler* in arabischen Ziffern aus, `\arabic`{*chapter*}→4.
`\AtBeginDocument`{*Argument*}	*Argument* wird erst am Beginn des Dokuments ausgeführt.
`\AtBeginDvi`{*Argument*}	Der Ersetzungstext von *Argument* wird an den Anfang der dvi-Datei gesetzt.
`\AtEndDocument`{*Argument*}	*Argument* wird erst am Ende des Dokuments ausgeführt.
`\AtEndOfPackage`{*Argument*}	*Argument* wird erst am Ende des Pakets ausgeführt.
`\AtEndOfClass`{*Argument*}	*Argument* wird erst am Ende der Dokumentenklasse ausgeführt.
`\author`{*Name*}	Definiert für die Titelseite den Autorennamen, wobei mehrere Autoren durch `\and` zu trennen sind. Anmerkungen in Fußnotenform sind mit dem `\thanks`-Befehl möglich. *Name* wird erst mit `\maketitle` ausgegeben.
`\backslash`	Gibt im mathematischen Modus das \-Zeichen aus → $\backslash$.
`\baselinestretch`	Kennzeichnet den Skalierungsfaktor für `\baselineskip` und kann mit

Fortsetzung ...

Name	*Beschreibung*
	\renewcommand\baselinestretch{*Wert*} überschrieben werden. Empfehlenswert ist jedoch die Anwendung des setspace-Paketes für Änderungen des Zeilenabstandes.
\bf	Veraltete Form aus LaTeX2.09 für fette Schrift. Ersetzt durch \textbf{*Text*}.
\bfdefault	Legt die Fontserie für *bold* fest (Vorgabe bx).
\bfseries	Schaltet innerhalb des aktuellen Text-Zeichensatzes auf die durch \bfdefault festgelegte fette Schriftserie um (analog zu \textbf).
\bgroup	Entspricht {, beginnt eine lokale Gruppe und muss mit \egroup oder } beendet werden.
\bibitem [*Label*] {*Key*}	Innerhalb der thebibliography-Umgebung wird durch \bibitem ein Eintrag erreicht. Bei fehlender *Label*-Angabe wird automatisch der Zähler enumiv benutzt. Der Schlüssel *key* darf außer dem Komma jede Folge alphanumerischer Zeichen und Punktsymbole enthalten.
\bibliography{*Dateiname*}	Angabe der für BiBTeX zu verwendenden Literaturdatenbank(en).
\bibliographystyle{*Stil*}	Angabe des zu verwendenden Stils für das Literaturverzeichnis. Mögliche Werte sind plain, unsrt, alpha und abbrv.
\bigskip	Fügt einen vertikalen Abstand ein: \vspace{\bigskipamount}. Der Wert ist abhängig von der gewählten Grundschriftgröße.
\boldmath	Folgende mathematische Ausdrücke werden in fetter Schrift ausgegeben, vorausgesetzt, dass der aktuelle Zeichensatz über entsprechende Zeichen bzw. Symbole verfügt. \boldmath kann nur außerhalb des mathematischen Modus angewendet werden, beispielsweise durch `$w\mbox{\boldmath$xy$}z$` → $w\boldsymbol{xy}z$.
\cal	Veraltete Form aus LaTeX2.09 für kalligrafische Großbuchstaben. Ersatz durch \mathcal{*TEXT*} → $\mathcal{TEXT}$.
\caption [*Verzeichnis*] {*Unterschrift*}	Der optionale Eintrag wird in das entsprechende Verzeichnis übernommen, beispielsweise in die *list of figures*. Bei fehlender Angabe wird die normale Unterschrift in das Verzeichnis übernommen. Bei Anwendung des caption-Paketes stehen weitere Parameter zur Verfügung.
\cdots	Gibt im mathematischen Modus drei Fortsetzungspunkte aus, die auf der *mathematischen* Mittellinie liegen: $\cdots$
\centering	Im Gegensatz zur center-Umgebung beginnt \centering keinen neuen Absatz mit zusätzlichem vertikalen Abstand und sollte deswegen vorrangig in Gleitumgebungen und Tabellenspalten angewendet werden.
\chapter * {*Titel*}	Beginnt ein neues Kapitel, welches bei der Sternversion nicht nummeriert wird.
\chaptermark{*Argument*}	Festlegung des Seitenkolumnentitels für den Gliederungstyp \chapter. Wird bei jedem \chapter-Befehl ausgeführt.
\circle * {*Durchmesser*}	Erstellt einen Kreis mit dem angegebenen *Durchmesser*, der bei der Sternversion mit der aktuellen Linienfarbe ausgefüllt ist. Nur mit dem Paket pict2e sind

Fortsetzung …

Name	*Beschreibung*
	beliebige Durchmesser möglich.
\cite [*Text*] {*Key(s)*}	Gibt die zu den *Key(s)* korrespondierenden Label aus. Der optionale Text wird vorher ausgegeben. Zahlreiche Pakete beeinflussen das Verhalten und die Form von `\cite`, beispielsweise `natbib`.
\cleardoublepage	Veranlasst die Ausgabe aller offenen Gleitumgebungen, beendet dann die Seite und fügt bei zweiseitigen Dokumenten gegebenenfalls eine Leerseite ein, falls die folgende Seite nicht eine ungerade Seitenzahl hat.
\clearpage	dito, für einseitige Dokumente.
\cline{*i–j*}	Innerhalb einer `tabular`, `array` oder verwandten Umgebung, beispielsweise `longtable`, erzeugt `\cline` eine horizontale Linie beginnend bei der *i*-ten und endend bei der *j*-ten Spalte, jeweils einschließlich. Mehrere `\cline` zeigen nur bei Anwendung eines entsprechenden Paketes (z. B. `hhline`) eine Wirkung.
\dashbox{*Dash-Länge*}(*w,h*) [*Pos*] {*Inhalt*}	Erstellt einen gestrichelten Rahmen der Breite *w* und Höhe *h* um den horizontal zentrierten Inhalt. Breite und Höhe sollten ein Vielfaches der Dash-Länge sein. Die Position gibt die vertikale Lage von *Inhalt* innerhalb des Rahmens an: `c` für zentriert (Standard), `t` für oben und `b` für unten.
\date{*Text*}	Kennzeichnet beim Titel das Datum. Fehlt eine entsprechende Angabe, so wird das Tagesdatum gewählt, was identisch ist zu `\date{\today}`.
\ddots	Gibt im mathematischen Modus drei diagonal von oben nach unten angeordnete Fortsetzungspunkte aus: $\ddots$ Eine gegensätzliche Richtung ist mit `\reflectbox` (Paket `graphicx`) zu erreichen: ⋰ (`\reflectbox{$\ddots$}`).
\DeclareErrorFont{*encoding*}{*family*}{*series*}{*shape*}{*size*}	Kann die normale Schrift oder eine Ersetzung nicht benutzt werden, wird der »ErrorFont« ausgewählt: `\DeclareErrorFont{OT1}{cmr}{m}{n}{10}`.
\DeclareFixedFont{\⟨*Name*⟩}{*encoding*}{*family*}{*series*}{*shape*}{*size*}	Defeniert einen ganz bestimmte (feste) Schriftart, die direkt über \⟨*Name*⟩ angesprochen werden kann: `\DeclareFixedFont{\RM}{T1}{ptm}{b}{n}{2cm}`.
\DeclareFontEncoding{*Name*}{*Text*}{*Mathe*}	Definiert die Kodierung *Name*, wobei das Argument *Text* bei Aktivierung im Textmodus und *Mathe* bei Aktivierung im Mathematikmodus ausgeführt werden: `\DeclareFontEncoding{U}{}{\noaccents@}`.
\DeclareFontEncodingDefaults{*Text*}{*Mathe*}	Legt die Standardwerte fest, wobei das Argument *Text* bei Aktivierung einer Kodierung im Textmodus und *Mathe* bei Aktivierung im Mathematikmodus ausgeführt werden.
\DeclareFontFamily{*encoding*}{*family*}{*Optionen*}	Deklariert die Schriftfamilie *family*: `\DeclareFontFamily{T1}{cmtt}{\hyphenchar \font\m@ne}`.
\DeclareFontShape{*encoding*}{*family*}{*series*}{*shape*}{*Liste*}{*Optionen*}	Legt die Gruppe der Zeichensätze einer bestimmten Familie fest: `\DeclareFontShape{T1}{cmss}{m}{sc}{<->sub*cmr/m/sc}{}`.
\DeclareFontSubstitution{*encoding*}{*family*}{*series*}{*shape*}	

Fortsetzung …

Name	*Beschreibung*
	Legt den Ersatz für fehlende Schriften fest: `\DeclareFontSubstitution{OML}{cmm}{m}{it}`.
`\DeclareMathAccent` {\⟨*Name*⟩}{\⟨*Typ*⟩}{*Font*}{*Nummer*}	
	Definiert ein neues mathematisches Symbol als Akkzent: `\DeclareMathAccent{\vec}{\mathord}{letters}{"7E}`.
`\DeclareMathAlphabet` {\⟨*Name*⟩}{*encoding*}{*family*}{*series*}{*shape*}	
	Definiert das Fontmakro \⟨*Name*⟩: `\DeclareMathAlphabet{\mathbf}{OT1}{cmr}{bx}{n}`.
`\DeclareMathDelimiter` {\⟨*Name*⟩}{*Typ*}{*Normal*}{*Nummer*}{*Groß*}{*Nummer*}	
	Definiert ein neues mathematisches Symbol als Klammer (delimiter): `\DeclareMathDelimiter{\Vert}{\mathord}{symbols}{"6B}{largesymbols}{"0D}`.
`\DeclareMathRadical` {\⟨*Name*⟩}{*Normal*}{*Nummer*}{*Groß*}{*Nummer*}	
	Definiert ein neues mathematisches Symbol als Akkzent: `\DeclareMathRadical{\sqrtsign}{symbols}{"70}{largesymbols}{"70}`.
`\DeclareMathSizes` {*textsize*}{*displaysize*}{*scriptsize*}{*scriptscriptsize*}	
	Legt die Schriftgrößen für den aktuellen mathematischen Font der Größe *textsize* fest: `\DeclareMathSizes{\@xivpt}{\@xivpt}{\@xpt}{7}`.
`\DeclareMathSymbol` {*Name*}{*Typ*}{*Font*}{*Nummer*}	
	Definiert ein neues mathematisches Symbol: `\DeclareMathSymbol{<}{\mathrel}{letters}{"3C}`.
`\DeclareMathVersion` {*Version*}	
	Legt *Version* als neue mathematischen Typ fest: `\DeclareMathVersion{bold}`.
`\DeclareOption` * {*Name*}{*Code*}	
	Definiert eine Klassenoption *Name*, die die Ausführung von *Code* veranlasst, wenn sie beim Aufruf der Dokumentenklasse angegeben wird. Die Sternversion behandelt nur bekannte Optionen.
`\DeclareRobustCommand` \⟨*Makroname*⟩{*Definition*}	
	Definiert ein robustes Makro, welches dann selbst als Argument eines anderes Makros auftreten darf.
`\DeclareSymbolFont` {*Name*}{*encoding*}{*family*}{*series*}{*shape*}	
	Definiert eine mathematische Schrift für Symbole: `\DeclareSymbolFont{letters}{OML}{cmm}{m}{it}`.
`\DeclareSymbolFontAlphabet` {\⟨*Makroname*⟩}{*Font*}	
	Definiert die Zuordnung des Fontmakros zu dem entsprechenden Font, beispielsweise `\mathrm` zu dem Fonttyp `operator`: `\DeclareSymbolFontAlphabet{\mathcal}{symbols}`.
`\displaystyle`	Hauptstil im mathematischen Satz für abgesetzte Formeln.
`\documentclass` [*Optionen*] {*Klassenname*}	
	Die *Optionen* werden sowohl von der Dokumentenklasse als auch allen anderen Paketen ausgewertet. Für fast alle Dokumentenklassen gültige Optionen sind unter anderem (*Standard*): • `10pt`, `11pt`, `12pt`: Standardschriftgröße • `a4paper`, `a5paper`, `letterpaper`: Standardpapiergröße • `portrait`, `landscape`: Ausrichtung

Fortsetzung ...

Name	*Beschreibung*
	• `titlepage`, `notitlepage`: eigene Titelseite • `leqno`: linksseitige Gleichungsnummern • `fleqn`: linksbündige Gleichungen • `draft`, `final`: Entwurfs- oder Endversion (im ersten Fall werden »overfull boxes« markiert und Grafiken nur durch einen Rahmen markiert) • `openbib`: »offenes« Bibliografieformat mit mehr Zeilen pro Eintrag • `oneside`, `twoside`: ein- oder zweiseitig, bei der book-Klasse ist `twoside` der Standard • `openright`, `openany`: Kapitel beginnen auf jeder oder nur rechten Seite (nur für book) • `onecolumn`, `twocolumn`: ein- oder zweispaltiger Satz
\dotfill	Füllt horizontal die Zeile mit einer Punktlinie auf ....
\egroup	Entspricht } und beendet eine lokale Gruppe.
\em	Veraltete Form aus LaTeX2.09 für hervorgehobene Schrift. Ersatz durch das Makro `\emph{`*Text*`}`.
\emph	Schaltet innerhalb des aktuellen Text-Zeichensatzes auf hervorgehobene Schrift um, in der Regel *italic*. Wird `\emph` innerhalb eines eigenen Arguments nochmal angewendet, so wird wieder auf normale Schrift umgeschaltet.
\encodingdefault	Die festgelegte Standard-Fontkodierung (Vorgabe `OT1`).
\endgraf	Identisch zum Befehl `\par`.
\endline	Identisch zum TeX-Befehl `\cr` (carriage return).
\enlargethispage* {*Länge*}	Verlängert oder verkürzt (negative Länge) nur die Seite um das Maß *Länge*, auf der dieser Befehl auftritt, wobei die Sternversion alle anderen dynamischen vertikalen Abstände auf ihre kleinsten Werte verringern kann.
\enspace	Fügt einen festen horizontalen Zwischenraum von 0.5 em ein. Ist identisch mit `\kern`*0.5em*␣. Startet einen neuen Absatz wenn der Befehl im vertikalen Modus aufgerufen wird.
\enskip	Prinzipiell identisch zu `\enspace`, startet jedoch keinen neuen Absatz, wenn der Befehl im vertikalen Modus benutzt wird.
\ensuremath{*Ausdruck*}	Setzt das Argument *Ausdruck* immer im mathematischen Modus, unabhängig davon, ob man sich gerade in diesem befindet oder nicht. `\newcommand*\al{\ensuremath{\alpha}}` bewirkt, dass sowohl `\al` (α) als auch `$\al$` (α) korrekte Ausdrücke sind.
\ExecuteOptions{*Optionen*}	Für die komma-separierte Liste der Optionen wird der zugeordnete Code ausgeführt, wobei die Reihenfolge der Optionen eingehalten wird. Dient zur Standardeinstellung von Dokumentenoptionen.
\familydefault	Die festgelegte Standard-Fontfamilie (Vorgabe hier: \zmn – Mignon).
\fmtname	Gibt den Formatnamen aus, beispielsweise `LaTeX2e`.
\fmtversion	Gibt die Version des verwendeten Formats aus, beispielsweie `2005/12/01`.
\fbox{*Text*}	Setzt um das Argument einen Rahmen im Abstand von `\fboxsep` (Vorgabe 3.0pt) und einer Liniendicke von `\fboxrule` (Vorgabe 0.4 pt).

Fortsetzung ...

Name	*Beschreibung*
`\flushbottom`	
	Der Text endet auf jeder Seite vor Beginn der Fußzeile, wozu nötigenfalls zusätzlicher, über die ganze Seite verteilter vertikaler Zwischenraum eingefügt wird.
`\fnsymbol`{*Zähler*}	
	Abhängig vom angegebenen *Zähler* können neun verschiedene Symbole als Fußnote ausgegeben werden, wobei die Zählung bei eins beginnt: $*$, †, ‡, §, ¶, ‖, $**$, ††, ‡‡, bezeichnet als *asterisk, dagger, double dagger, section mark, paragraph mark, double vertical lines, double asterisks, double daggers, double double daggers. Zähler* muss ein gültiger Zählername sein und `\fnsymbol` kann nur im mathematischen Modus angewendet werden.
`\fontencoding`{*Encoding*}	
	Legt das *Encoding* fest, beispielsweise `OT1` oder `T1`. Wird erst mit dem Befehl `\selectfont` wirksam. `\fontencoding{OT1}\selectfont ?<>äöü`→ ?¡¿äöü.
`\fontfamily`{*Familie*}	
	Legt die *Familie* fest, beispielsweise `cmr`, `lm` oder `pmx`. Wird erst mit dem Befehl `\selectfont` wirksam: `\fontfamily{cmss}\selectfont Familie cmss`→ Familie cmss.
`\fontseries`{*Serie*}	
	Legt die *Serie* fest, *m* für Medium (Standard), *b* für Bold, *c* für Condensed, *bc* für Bold condensed, *bx* für Bold extended. Nicht alle Varianten sind in jedem Font verfügbar. Wird erst mit dem Befehl `\selectfont` wirksam: `\fontseries{b}\selectfont Serie b`→ **Serie b.**
`\fontshape`{*Shape*}	
	Legt das *Shape* fest, *n* für Normal (Standard), *it* für Italic, *sl* für Slanted, *sc* für Small Caps, *ui* für Upright italics, *ol* für Outline. Nicht alle Varianten sind in jedem Font verfügbar. Wird erst mit dem Befehl `\selectfont` wirksam. `\fontshape{sc}\selectfont Shape sc`→ SHAPE SC.
`\fontsize`{*Größe*}{*Zeilenabstand*}	
	Beide Parameter sind ohne Maßzahl einzugeben, beziehen sich aber grundsätzlich auf pt. Der Zeilenabstand entspricht `\baselineskip`, der ungefähr dem 1,2-fachen der Fontgröße entsprechen sollte. Wird erst mit dem Befehl `\selectfont` wirksam. `\fontsize{6}{7.2}\selectfont Größe \{6\}\{7.2\}`→ Größe {6}{7.2}.
`\footnote` [*Nummer*] {*Text*}	
	Inkrementiert den Fußnotenzähler `footnote` und setzt sowohl die Fußnotennummer als auch den *Text* als Fußnote. Ist das optionale Argument angegeben, so bleibt der Fußnotenzähler unbeeinflusst und es wird *Nummer* als Fußnote genommen, wobei *Nummer* in jedem Fall als positive Zahl anzugeben ist, unabhängig davon, ob die eigentliche Fußnote als Buchstabe oder römische Zahl ausgegeben wird.
`\footnotemark` [*Nummer*]	
	Inkrementiert den Fußnotenzähler `footnote` und setzt nur die Fußnotennummer. Ist das optionale Argument angegeben, so bleibt der Fußnotenzähler unbeeinflusst und es wird *Nummer* als Fußnote genommen. *Nummer* ist in jedem Fall als positive Zahl anzugeben, unabhängig davon, ob die eigentliche Fußno-

Fortsetzung …

Name	*Beschreibung*
	te als Buchstabe oder römische Zahl erscheint. Anwendung hauptsächlich dort, wo `\footnote` nicht möglich ist (Tabelle).
`\footnoterule`	Erzeugt die Fußnotenlinie der Breite 2 inch und Höhe 0.4 pt:
`\footnotesize`	Schaltet die aktuelle Schriftgröße auf *footnotesize*. Bleibt solange gültig, bis durch einen weiteren Schriftbefehl anderes angegeben wird.
`\footnotetext` `[`*Nummer*`]` `{`*Text*`}`	Setzt nur einen Fußnotentext ohne vorher den Fußnotenzähler zu inkrementieren und ohne Fußnotenmarkierung im Text. Ist das optionale Argument *Nummer* angegeben, wird sie als Fußnotennummer genommen.
`\frac``{`*Zähler*`}{`*Nenner*`}`	Erstellt im mathematischen Modus einen Bruch aus *Zähler* und *Nenner*
`\frame``{`*Text*`}`	Erstellt einen Rahmen, aber im Gegsatz zu **\fbox** ohne zusätzlichen Abstand zum *Text*.
`\framebox` `[`*Breite*`]` `[`*Position*`]` `{`*Text*`}`	Ohne die optionalen Argumente von *Breite* und *Position* wird im normalen Textmodus ein Ein Rahmen analog zu `\fbox` erstellt. Mit der Angabe der horizontalen *Breite* kann diese beeinflusst werden: Ein Rahmen. Mit *Position* kann die horizontale Anordnung in der Box vorgegeben werden: *c* Ein Rahmen Standard *l* Ein Rahmen *r* Ein Rahmen *s* Ein Rahmen nur wirksam, wenn *Text* dehnbaren Zwischenraum enthält, wozu nicht der normale Abstand zwischen Zeichen gehört.
`\framebox``(`*Breite,Höhe*`)` `[`*Position*`]` `{`*Text*`}`	Analoge Anwendung zum vorstehenden Befehl, nur dass diese Form innerhalb einer `picture`-Umgebung gültig ist. Die Angabe von `(`*Breite,Höhe*`)` ist verpflichtend; nur *Position* ist optional mit den möglichen Werten: *c* zentriert (center – Standard); *t* oben (top); *b* unten (bottom); *l* links (left); *r* rechts (right).
`\frenchspacing`	LaTeX fügt nach diesem Befehl keinen weiteren Leerraum nach einem Satzende ein (Standard für nicht-englische Sprachen).
`\fussy`	Setzt die Standardwerte für den Absatzumbruch (vgl. `\sloppy` auf Seite 55).
`\hangindent``{`*Länge*`}`	Gibt den Einzug ab der zweiten Zeile vor und sollte daher auch nur am Absatzanfang verwendet werden.
`\hfill`	Füllt die aktuelle Zeile bis zum nächsten Zeichen oder Wort soweit wie möglich mit Leerraum auf. Entspricht `\hspace\fill`→ !.
`\hline`	Muss bis auf die oberste Linie nach einem Zeilenvorschub (`\\`) angewendet werden und ergibt dann eine horizontale Linie über die gesamte Tabellenbreite. Mehrere `\hline` ergeben mehrere versetzte Linien, die nicht von eventuellen vertikalen Linien unterbrochen werden.
`\hrulefill`	Füllt die aktuelle Zeile soweit wie möglich mit einer horizontalen Linie auf, die

Fortsetzung …

Name	*Beschreibung*
	auf der Höhe der Basislinie ist ______.
\hspace* {*Länge*}	Fügt einen Freiraum von *Länge* ein, mit der Sternversion auch am Anfang einer Zeile, der ansonsten ignoriert wird.
\huge	Schaltet die aktuelle Schriftgröße auf *huge* (größer). Bleibt solange gültig, bis durch einen weiteren Schriftbefehl anderes angegeben wird.
\Huge	Schaltet die aktuelle Schriftgröße auf *Huge* (noch größer). Bleibt solange gültig, bis durch einen weiteren Schriftbefehl anderes angegeben wird.
\hyphenation{*Wortliste*}	*Wortliste* ist eine durch Komma getrennte Liste von Wörtern mit den Trennmöglichkeiten, beispielsweise `\hyphenation`{*bei-spiels-wei-se, Trenn-mög-lich-kei-ten, DANTE*}. *DANTE* würde in diesem Fall nicht getrennt werden. Einzelne Trennmöglichkeiten innerhalb des Textes können mit `\-` erreicht werden.
\IfFileExists{*Dateiname*}{*Ja-Aktion*}{*Nein-Aktion*}	
\include{*Datei*}	Bindet eine externe TEX-Datei ein, wobei im Gegensatz zu `\input` grundsätzlich eine neue Seite begonnen wird. `\include` eignet sich daher prinzipiell nur für Kapitel oder Abschnitte und sinnvollerweise oft nur im Zusammenhang mit `\includeonly`. `\include` darf nicht in der Präambel auftreten oder Teil einer anderen `\include`-Datei sein. In diesen Fällen muss `\input` verwendet werden, welches beliebig geschachtelt werden kann.
\includeonly{*Datei1, Datei2, ...*}	Nur für die in der kommaseparierten Liste aufgeführten Dateien ist ein folgender `\include`-Befehl wirksam. Bei allen anderen wird nur die `.aux`-Datei verwendet, sodass alle Querverweise, Referenzen und Seitenzahlen dem Gesamtdokument entsprechen.
\includegraphics* [*Optionen*] {*Dateiname*}	Einfügen einer Grafik (benötigt Paket `graphicx`). Ausführliche Erklärungen in Abschnitt 7.3.1 auf S. 96.
\indent	Ergibt einen horizontalen Einzug entsprechend dem Wert von `\parindent`.
\input{*Datei*}	Bindet eine externe TEX-Datei ein, wobei im Gegensatz zu `\include` diese exakt dort eingefügt wird, wo der `\input`-Befehl steht. `\input` darf sowohl in der Präambel als auch in einer anderen Input-Datei auftreten.
\it	Veraltete Form aus LATEX2.09 für Italic. Ersatz durch `\textit`{*Text*}.
\itdefault	Legt die Fontform für *italic* fest (Vorgabe `it`).
\item [*Label*]	Beginnt innerhalb von Listen einen neuen Eintrag. Mit dem optionalen Argument kann ein eigenes Symbol oder Text-Label festgelegt werden.
\itshape	Schaltet innerhalb des aktuellen Text-Zeichensatzes auf die durch `\itdefault` festgelegte Schriftform um (analog zu `\textit`).
\kill	Löscht die aktuelle Zeile. Vorrangige Anwendung bei der Definition von Tabstops, da diese nach dem Löschen der Musterzeile erhalten bleiben.
\label{*Key*}	Ordnet *Key* einem zählbaren Objekt zu wie Abschnittsüberschrift, Bildunterschrift, Gleichungsnummer, ... `\label` muss daher **nach** dem für die Zählung

Fortsetzung ...

Name	*Beschreibung*
	verantwortlichen Befehl erscheinen, also beispielsweise nach `\caption`.
`\large`	Schaltet die aktuelle Schriftgröße auf die nächste Größe. Bleibt solange gültig, bis durch einen weiteren Schriftbefehl anderes angegeben wird.
`\Large`	Schaltet die aktuelle Schriftgröße auf die Größe nach `\large`. Bleibt solange gültig, bis durch einen weiteren Schriftbefehl anderes angegeben wird.
`\LARGE`	Schaltet die aktuelle Schriftgröße auf die Größe nach `\Large`, ist jedoch nicht in allen Dokumentklassen verfügbar. Bleibt solange gültig, bis durch einen weiteren Schriftbefehl anderes angegeben wird.
`\LaTeX`	Ausgabe von LaTeX im aktuellen Standardfont.
`\LaTeXe`	Ausgabe von LaTeX 2_ε im aktuellen Standardfont.
`\lbrack`	Gibt die öffnende eckige linke Klammer aus ([).
`\ldots`	Gibt sowohl im mathematischen als auch Textmodus drei horizontale Fortsetzungspunkte aus: … Identisch zu `\dots`
`\left`{*Klammertyp*}	Kennzeichnet im mathematischen Modus die linke Klammer. *Klammertyp* kann einen der folgenden Werte annehmen: (,), [,], `\{`, `\}`, |,`\vert`, `|`, `\Vert`, /, `\backslash`, `\langle`, `\rangle`, `\uparrow`, `\downarrow`, `\updownarrow`.
`\leftmark`	Enthält für die Kopfzeile den Inhalt des letzten `\markboth`-Befehls auf der aktuellen Seite.
`\let``\`⟨*MakroA*⟩`=\`⟨*MakroB*⟩	Mit `\let` wird `\`⟨*MakroA*⟩ die *aktuelle* Bedeutung von `\`⟨*MakroB*⟩ zugewiesen, wobei `\`⟨*MakroA*⟩ sich nicht wie ein normales Makro verhält, d. h. es ist nicht expandierbar. Ändert sich nach der Zuweisung durch `\let` im Dokument die Definition von `\`⟨*MakroB*⟩, so hat dies keine Auswirkung auf `\`⟨*MakroA*⟩.
`\limits`	Ermöglicht für mathematische Operationen das Setzen der Grenzen ober- und unterhalb des Symbols.
`\line`(*dx,dy*){*Länge*}	Ausgehend von der durch zwei ganze Zahlen vorgegebenen Steigung, die kleiner gleich 6 und ein vollständig gekürzter Bruch sein muss, wird eine Gerade der Länge *Länge* gezogen. Diese Angabe bezieht sich entweder auf die horizontale oder vertikale Ausdehnung, je nachdem ob *dx* größer ist als *dy* oder umgekehrt. Es sind auch negative Steigungen möglich. Aufgrund der starken Einschränkung der Steigung ist die Anwendung des Paketes `pict2e` zu empfehlen.
`\linebreak` [*Wert*]	Mit dem Auftreten von `\linebreak` wird die aktuelle Zeile beendet, jedoch in der gleichen Weise wie die vorhergehenden formatiert. Beim Blocksatz würde auch diese Zeile im Blocksatz erscheinen. Das optionale Argument *Wert* darf Werte zwischen 0 und 4 annehmen und gibt die Dringlichkeit der Anforderung eines Zeilenumbruches vor. 4 ist gleichbedeutend mit *zwingend*.
`\linethickness`{*Dicke*}	Definiert nur die Liniendicke von horizontalen und vertikalen Linien.
`\listfiles`	Veranlasst LaTeX am Ende des Logfiles eine Liste aller geladenen Dateien anzugeben (in der Regel mit Versionsnummer).
`\llap`{*Text*}	Schreibt *Text* in eine Box der Breite Null, sodass *Text* nicht den aktuellen Punkt verschiebt, während der Text jedoch nach links gesetzt wird. Kann zum Über-

Fortsetzung …

Name	*Beschreibung*
	schreiben benutzt werden: `ABC\llap{DEF}GHI`→DEFGHI (`\rlap`→S. 53).
`\LoadClass` `[`*Optionen*`]` `{`*Dokumentenklasse*`}` `[`*Datum*`]`	Lädt die angegebene *Dokumentenklasse* mit den gleichen *Optionen*, wie sie für die gerade aktuelle Dokumentenklasse wirksam sind.
`\LoadClassWithOptions` `{`*Dokumentenklasse*`}` `[`*Datum*`]`	Lädt die *Dokumentenklasse* mit den gleichen Optionen, wie sie für die gerade aktuelle Dokumentenklasse wirksam sind.
`\loop` `{`*Schleifenargumente*`}`	Beginnt eine Schleife, die über `\exit` verlassen werden kann. Das Ende der Schleife wird durch `\repeat` markiert.
`\lq`	Gibt das öffnende (linke) einfache Anführungszeichen aus: ‘.
`\makeatletter`	Ändert den Catcode von `@` zu 11, was einem normalen Zeichen (letter) entspricht.
`\makeatother`	Ändert den Catcode von `@` zu 12, was keinem normalen Zeichen entspricht.
`\makebox` `[`*Breite*`]` `[`*Position*`]` `{`*Text*`}`	Ohne die optionalen Argumente von *Breite* und *Position* wird im normalen Textmodus das Argument *Text* analog zu `\mbox` nur in eine Box gesteckt. Mit der Angabe der horizontalen *Breite* kann die Boxbreite beeinflusst werden (die Rahmen sind nur zur Information!): [Ein Text]. Mit *Position* kann die horizontale Anordnung in der Box vorgegeben werden: *c* [Ein Text] (Standard), *l* [Ein Text], *r* [Ein Text] und *s* [Ein Text]. *s* ist nur wirksam, wenn *Text* dehnbaren Zwischenraum enthält, wozu nicht der normale Abstand zwischen Zeichen gehört. Der Befehl ist sehr hilfreich wenn eine Zeile beziehungsweise ein Absatz breiter als `\linewidth` sind und zentriert werden sollen: `\makebox[1.2\linewidth]{`*Text*`}`.
`\makebox` `(`*Breite,Höhe*`)` `[`*Position*`]` `{`*Text*`}`	Analoge Anwendung zum vorstehenden Befehl, nur dass diese Form innerhalb einer `picture`-Umgebung gültig ist. Die Angabe von (*Breite,Höhe*) ist verpflichtend; nur *Position* ist optional mit den möglichen Werten: *c* zentriert (center – Standard); *t* oben (top); *b* unten (bottom); *l* links (left); *r* rechts (right).
`\makeindex`	Erstellt die Indexdatei `\jobname.idx`.
`\MakeLowercase` `{`*Text*`}`	Wandelt `{`*Text*`}` in Kleinbuchstaben: `\MakeLowercase{GROSS}`→ gross.
`\MakeRobust` `\`⟨*Makro*⟩	Erklärt das Makro `\`⟨*Makro*⟩ nachträglich für nicht zerbrechlich. Benötigt das Paket `fixltx2e`.
`\maketitle`	Erstellt entsprechend der vorher zugewiesenen Vorgaben durch `\author`, `\date`, `\thanks` und `\title` den Titel, je nach Dokumentenklasse auf einer eigenen Seite. Für eigene Vorstellungen kann alternativ die `titlepage`-Umgebung benutzt werden.
`\MakeUppercase` `{`*Text*`}`	Wandelt `{`*Text*`}` in Großbuchstaben: `\MakeUppercase{klein}`→ KLEIN.
`\marginpar` `[`*Links*`]` `{`*Rechts*`}`	Erzeugt eine Randbemerkung, wobei in der Regel die erste Zeile der Randbe-

Fortsetzung …

Name	*Beschreibung*
	merkung auf derselben Höhe erscheint wie der Befehl selbst.
\markboth{*Linker Kopf*}{*Rechter Kopf*}	Zum Setzen der Kopfzeilen bei doppelseitigen Dokumenten. Wird in der Regel im Zusammenhang mit dem Seitenstil *myheadings* angewendet; kann aber auch zum Überschreiben der aktuellen Kopfzeilendefinition benutzt werden. Erst wenn eine Seite beendet wird, wertet LaTeX `\markboth` aus.
\markright{*Rechter Kopf*}	Zum Setzen der Kopfzeile für einseitige Dokumente. Ansonsten identisch zu `\markboth`.
\mathbf{*Math*}	Setzt den Ausdruck *Math* in boldface, jedoch nur die normalen Variablen und diese zudem aufrecht: `$\mathbf{f(x)=2+x+x^2$}`$\rightarrow$ $\mathbf{f(x) = 2 + x + x^2}$.
\mathcal{*Math*}	*Math* wird in kalligrafischen Buchstaben ausgegeben, wobei nur Großbuchstaben möglich sind: `$\mathcal{Math}$`$\rightarrow$ $\mathcal{MATH}$.
\mathit{*Math*}	Setzt *Math* in Italic: `$\mathit{f(x)=2+x+x^2$}`$\rightarrow$ $\mathit{f(x) = 2 + x + x^2}$.
\mathnormal{*Math*}	Setzt den Ausdruck *Math* im mathematischen Standardfont: `\mathnormal{$f(x)=2+x+x^2$}` $\rightarrow$ $f(x) = 2 + x + x^2$.
\mathop{*Operator*}	Erklärt *Operator* zu einem mathematischen Typ, womit dieser Grenzen (Limits) aufweisen kann. Kann nur im mathematischen Modus benutzt werden: $$f(x) = A(x) \cdot B_{i=1}^{n}(x_i) \qquad f(x) = A(x) \cdot \mathop{\mathrm{B}}_{i=1}^{n}(x_i)$$
\mathrm{*Math*}	Setzt *Math* in Roman: `$\mathrm{f(x)=2+x+x^2$}`$\rightarrow$ $\mathrm{f(x) = 2 + x + x^2}$.
\mathsf{*Math*}	dito in Sans Serif: `$\mathsf{f(x)=2+x+x^2$}`$\rightarrow$ $\mathsf{f(x) = 2 + x + x^2}$.
\mathtt{*Math*}	dito in Typewriter: `$\mathtt{f(x)=2+x+x^2$}`$\rightarrow$ $\mathtt{f(x) = 2 + x + x^2}$.
\mathversion{*Version*}	Schaltet den mathematischen Zeichensatz auf *Version* um.
\mbox{*Text*}	Setzt *Text* in eine LR-Box. Im Mathematikmodus wird nicht der aktuelle mathematische Font benutzt, sondern der Textfont: `$A_\mbox{big}$`$\rightarrow$ $A_{\mbox{big}}$.
\mddefault	Legt die Fontserie für *medium* fest (Vorgabe `m`).
\mdseries	Schaltet innerhalb des aktuellen Text-Zeichensatzes auf die durch `\mddefault` festgelegte Schriftserie um (analog zu `\textmd`).
\medskip	Vertikaler Vortschub, analoger Befehl zu `\vspace\medskipamount`.
\multicolumn{*AnzSpalten*}{*Pos*}{*Text*}	Wird nur in `tabular`- und `array`-Umgebungen benutzt, um mehrere Spalten zusammenzufassen, beispielsweise für Überschriften. Alle drei Argumente sind verpflichtend, wobei das letzte allerdings leer bleiben kann. *AnzSpalten* bezeichnet die Zahl der betroffenen Spalten, die zusammengefasst werden sollen. *Pos* die Anordnung der Spalte, entweder *c* für zentriert, *l* für linksbündig und *r* für rechtsbündig (Spaltentyp *p* ist nicht möglich). `\multicolumn` muss entweder unmittelbar am Beginn einer Tabellenzeile oder unmittelbar nach einem Spaltentrenner & benutzt werden.
\multiput$(x,y)(dx,dy)${*N*}{*Objekt*}	Ausgehend von (x, y) wird in (dx, dy)-Schritten *Objekt* *N*-mal ausgegeben.

Fortsetzung …

Name	*Beschreibung*
\narrower	Vergrößert den linken (`\leftskip`) und rechten Rand (`\rightskip`) um den Wert von `\parindent`.
\NeedsTeXFormat{*Format*} [*Datum*]	{*Format*} ist in der Regel LaTeX2e und *Datum* ein bestimmtes Veröffentlichungsdatum, was mindestens mit der aktuellen Version erreicht sein muss. Ansonsten wird eine Meldung in der Logdatei ausgegeben.
\negthinspace	Ergibt einen negativen horizontalen Leerraum von 2/3 em.
\newcommand* \⟨*Befehlsname*⟩ [*N*] [*Standard*] {*Definition*}	Die Angabe von *N* ist nur dann zwingend, wenn der Befehl mindestens einen Parameter aufweist. Die optionale Angabe des Standardwertes setzt voraus, dass *N* mindestens gleich 1 ist. LaTeX lässt nur einen optionalen Parameter in der Definition zu, der dann grundsätzlich als #1 bezeichnet wird (Paket `twoopt` ermöglicht zwei optionale Parameter). Standardmäßig wird der Befehl als *long*-Variante definiert, mit der Stern-Variante jedoch nicht, sodass die Argumente dann keine Absätze enthalten dürfen (bessere Fehlersuche).
\newcounter{*Name*} [*Rücksetzzähler*]	Definiert den Zähler *Name*, der bei Angabe eines optionalen Rücksetzzählers zurückgesetzt wird, wenn dieser hochgesetzt wird.
\newenvironment{*Name*} [*N*] [*Standard*] {*StartDef*}{*EndDef*}	Definiert eine Umgebung *Name*, wobei die Angabe von *N* nur dann zwingend ist, wenn der Befehl mindestens einen Parameter oder beides aufweist. Die optionale Angabe des Standardwertes setzt voraus, dass *N* mindestens gleich 1 ist. LaTeX lässt nur einen optionalen Parameter in der Definition zu, der dann grundsätzlich als #1 bezeichnet wird. *StartDef* bezeichnet die Definitionen, die mit dem `\begin{`*Name*`}` und *EndDef* diejenigen, die mit dem `\end{`*Name*`}` ausgeführt werden sollen.
\newfont\⟨*Befehlsname*⟩{*Fontname*}	Ordnet \⟨*Befehlsname*⟩ den Font *Fontname* zu, mit dem dann der aktuelle Font gewechselt werden kann.
\newif\if⟨*Name*⟩	Definiert eine if-Variable, die als `\if`⟨*Name*⟩ ...`\else` ...`\fi` benutzt und mit \⟨*Name*⟩`false` und \⟨*Name*⟩`true` gesetzt werden kann.
\newlength\⟨*Name*⟩	Definiert die Länge \⟨*Name*⟩ und weist ihr automatisch den Wert 0 pt zu.
\newline	Beendet die Zeile an der aktuellen Position und beginnt eine neue. Kann auch innerhalb einer Tabellenzelle angewendet werden, wenn diese Zeilenumbrüche zulässt.
\newpage	Beendet die Seite an der aktuellen Position und beginnt eine neue.
\newsavebox\⟨*Boxname*⟩	Definiert \⟨*Boxname*⟩ zu einer Box, wobei der Name noch nicht anderweitig vergeben sein darf und grundsätzlich global wirkt.
\newtheorem{*Name*} [*Zähler*] {*Titel*} [*Umgebung*]	*Name* bezeichnet die Umgebung (darf noch nicht als Umgebung oder Zähler definiert sein) und *Titel* den Vorspann der Theorem-Umgebung vor der laufenden Nummer. Von den beiden optionalen Argumenten ist jeweils nur eines zu

Fortsetzung ...

Name	*Beschreibung*
	benutzen, entweder wird ein existierender Zähler angegeben, beispielsweise *section* oder eine bereits mit einem Zähler definierte Umgebung.
\nocite{*Key-Liste*}	Ermöglicht die Ausgabe einer Literaturstelle, die nicht explizit im Text zitiert wurde. Mit `\nocite{*}` werden sämtliche Einträge der mit `\bibliography` angegebenen Literaturdatenbank ausgegeben.
\noindent	Verhindert am Beginn eines neuen Absatzes eine eventuelle Einrückung. Zeigt an anderen Stellen keine Wirkung.
\nointerlineskip	Unterdrückt den zusätzlichen Abstand zwischen zwei Zeilen. Der Befehl kann nur nach `\par` verwendet werden.
\nolinebreak [*Wert*]	Mit diesem Befehl kann LaTeX angewiesen werden, in Abhängigkeit von *Wert* (0...4) keinen Zeilenumbruch an der Stelle vorzusehen. Der Wert 4 ist gleichzusetzen mit *definitiv* keinen Umbruch.
\nonfrenchspacing	Schaltet auf das nicht-europäische Layout am Ende eines Satzes.
\nopagebreak [*Wert*]	Mit diesem Befehl kann LaTeX angewiesen werden, in Abhängigkeit von *Wert* (0...4) keinen Seitenumbruch an der Stelle vorzusehen. Der Wert 4 ist gleichzusetzen mit *definitiv* keinen Umbruch.
\normalbaselines	Setzt die »lineskips« auf die Standardwerte.
\normalmarginpar	Stellt die normale Links-/Rechtsanordnung der Randbemerkungen ein.
\normalsize	Schaltet auf die in der Dokumentenoption angegebene Standardschriftgröße.
\not\⟨*Makro*⟩	`\not` kann nur im mathematischen Modus angewendet werden und ermöglicht für den Großteil an Symbolen die negierte Darstellung, beispielsweise $\in$ und $\not\in$ (`$\in$` und `$\not\in$`).
\null	Der Befehl ist identisch zu `\hbox{}` und macht formal nichts, zählt aber für LaTeX als Eingabe, sodass man eine leere Seite leicht durch die Befehlsfolge `\newpage\null\newpage` erreichen kann.
\obeyspaces	Macht das Leerzeichen aktiv, sodass sie nicht mehr von LaTeX ignoriert werden.
\offinterlineskip	Der zusätzliche Abstand zwischen Zeilen wird ausgeschaltet.
\onecolumn	Beginnt eine neue Seite und wechselt in den Einspaltenmodus.
\oval(*Breite,Höhe*) [*Auswahl*]	`\oval` erstellt ein Rechteck mit abgerundeten Seiten, wobei über das optionale Argument auch nur Teile ausgewählt werden können: *t* oben, *b* unten, *r* rechts und *l* links. Es sind nur ausgewählte Radien möglich.
\overbrace{*Gleichung*}	Die *Gleichung* wird mit einer Überklammer versehen, die in der üblichen Weise durch ^ mit einem Label versehen werden kann: `$\overbrace{a^2+b^2}^{c^2}$` $\overbrace{a^2+b^2}^{c^2}$

Fortsetzung ...

Name — *Beschreibung*

\overline{*Gleichung*}

Die *Gleichung* wird mit einem Überstrich versehen:
`$\overline{a^2+b^2}$` → $\overline{a^2 + b^2}$

\pagebreak [*Wert*]

Mit dem Auftreten von `\pagebreak` wird die aktuelle Seite nach der aktuellen Zeile beendet – im Gegensatz zu `\newpage`, wo die Seite sofort umbrochen und auch vertikal nicht formatiert wird. Das optionale Argument *Wert* darf Werte zwischen 0 und 4 annehmen und gibt die Dringlichkeit der Anforderung eines Seitenumbruches vor. 4 ist gleichbedeutend mit *zwingend*.

\pagenumbering{*Stil*}

Legt den aktuellen Stil für die Ausgabe der Seitennummern fest. *arabic* für arabische Zahlen, *roman* für kleine römische Zahlen, *Roman* für große römische Zahlen, *alph* für kleine Buchstaben und {*Alph*} für große Buchstaben.

\pageref{*Marke*}

Gibt die Seitennummer aus, auf der *Marke* als Label gesetzt wurde, beispielsweise beginnt dieser Abschnitt der Befehlsdefinitionen auf Seite 37.

\pagestyle{*Typ*}

Definiert den Seitenstil mit einem der standardmäßigen Werte:
- *plain* (nur eine Seitennummer);
- *empty* (keine Kopf- und Fußzeilen, keine Seitennnummer);
- *headings* (laufende Titel im Kopf und Seitennummern im Fuß;
- *myheadings* (die vom Anwender zu setzenden Werte von `\markboth` und `\markright` werden ausgewertet).

\par Beendet einen Absatz und ist identisch zu einer Leerzeile im Quelltext.

\paragraph{*Titel*}

Beginnt einen neuen Paragraphen, der nicht nummeriert wird und dessen Titel mit `\textbf` in die normale Textzeile gesetzt wird.

\paragraphmark{*Argument*}

Festlegung der Seitenkolumnentitel für den Gliederungstyp `paragraph`.

\parbox [*vPos*] [*Höhe*] [*iPos*] {*Breite*}{*Inhalt*}

Setzt den *Inhalt* in eine Absatzbox der Breite {*Breite*}. Der optionale Parameter *vPos* kennzeichnet die vertikale Position innerhalb der umgebenen Zeile:
c für zentriert;
b Basislinie der letzten Boxzeile und umgebende Basislinie sind gleich;
t für Basislinie der erste Boxzeile und umgebende Basislinie sind gleich.
Mit dem zweiten optionalen Parameter kann der Box eine bestimmte Höhe gegeben werden und mit dem dritten, ebenfalls optionalen Parameter, kann die innere vertikale Ausrichtung beeinflusst werden:

c:	`\parbox[b][6ex][c]{2em}{Ein\\Text}`	Ein Text
b:	`\parbox[b][6ex][b]{2em}{Ein\\Text}`	Ein Text

Fortsetzung …

Name	*Beschreibung*
	t: `\parbox[b][6ex][t]{2em}{Ein\\Text}` Ein Text
	s: `\parbox[b][6ex][s]{2em}{Ein\par\vfill Text}` Ein Text
	s ist nur wirksam, wenn *Text* dehnbaren Zwischenraum enthält, wozu nicht der normale Abstand zwischen Zeilen gehört. Für die Angabe der optionalen Parameter gilt, dass entweder nur [*vPos*] oder nur [*vPos*][*Höhe*] oder alle drei angegeben werden müssen.
`\PassOptionsToPackage`{*Optionen*}{*Paket*}	Übergibt die Optionen (komma-separierte Liste) an das angegebene Paket. Damit kann ein sogenannter »option clash« vermieden werden.
`\PassOptionsToClass`{*Optionen*}{*Paket*}	Übergibt die Optionen (komma-separierte Liste) an die angegebene Dokumentenklasse.
`\ProcessOptions`*	Alle »aufgelaufenen« Dokumentenklassen- und Paketoptionen werden mit dem Auftreten dieses Befehls ausgeführt. Die Sternversion sorgt dafür, dass die Optionen entsprechend der Reihenfolge bei der Dokumentenklasse oder den Paketen beibehalten wird.
`\protect`\⟨*Makro*⟩	Schützt \⟨*Makro*⟩ davor als Argument eines anderen Makros zu zerbrechen (expandiert zu werden), beispielsweise `\protect\cite{...}` wenn es Teil des Arguments von `\caption` ist.
`\providecommand`* \⟨*Befehlsname*⟩ [*N*] [*Standard*] {*Definition*}	Identische Syntax und Wirkungsweise zum `\newcommand`-Befehl, mit dem einzigen Unterschied, dass er wirkungslos ist, falls \⟨*Befehlsname*⟩ schon anderweitig definiert ist.
`\ProvidesClass`{*Name*} [*Versionsdaten*]	Kennzeichnet *Name* durch Versionsdaten. Anwendung vorrangig in Paketdateien: `\ProvidesClass`{*article*}[*2005/09/16 v1.4f Standard LaTeX document class*].
`\ProvidesFile`{*Name*} [*Versionsdaten*]	Kennzeichnet die Datei *Name* durch Versionsdaten. Anwendung vorrangig in Dateien: `\ProvidesFile`{*utf8.def*}[*2006/03/30 v1.1i UTF-8 support for inputenc*].
`\ProvidesPackage`{*Name*} [*Versionsdaten*]	Kennzeichnet die Paketdatei *Name* durch Versionsdaten. Anwendung vorrangig in Paketdateien: `\ProvidesPackage`{*alltt*}[*1997/06/16 v2.0g defines alltt environment*].
`\put`(x, y){*Objekt*}	Setzt *Objekt* an die durch die Koordinaten angegebene Position. Die Koordidaten sind ohne Einheit einzugeben, beziehen sich selbst aber auf die Vorga-

Fortsetzung ...

Name	*Beschreibung*
	be von `\unitlength`. Hauptanwendung des `\put`-Befehls ist das Platzieren der `picture`-Objekte `\line`, `\vector`, `\circle` oder `\oval`.
`\quad`	Fügt einen horizontalen Abstand von 1 em ein (Geviert) A B.
`\qquad`	Fügt einen horizontalen Abstand von 2 em ein A B.
`\raggedbottom`	Vertikale Entsprechnung zu `\raggedright`. Weist LaTeX an, keinen zusätzlichen vertikalen Leerraum einzufügen, damit die letzte Textzeile am Fuß der Seite erscheint. Diese Formatierung ist der Standard für die Dokumentenklassen article, report und letter.
`\raggedleft`	Die Zeilen werden rechtsbündig ausgegeben. Der Befehl ist eine Entsprechung zur Umgebung `flushright`.
`\raggedright`	Die Zeilen werden linksbündig ausgegeben. Der Befehl ist eine Entsprechung zur Umgebung `flushleft`.
`\raisebox`{*Länge*} [*Oberlänge*] [*Unterlänge*] {*Text*}	Der Befehl schiebt *Text* je nach Angabe von *Länge* nach oben oder unten. Die optionalen Parameter erlauben unabhängig von *Text* eine Festlegung der Ober- und Unterlänge der Box. Wird nur ein optionales Argument angegeben, wird dieses automatisch auf *Oberlänge* bezogen: `\fbox{\raisebox{1ex}[1ex][1ex]{Box}}` → Box `\fbox{\raisebox{\height}{Box}}` → Box
`\rbrack`	Gibt die schließende eckige rechte Klammer aus (]).
`\ref`{*Marke*}	Stellt eine Referenz zu *Marke* her, welche mit dem Befehl `\label` hinter einem »zählbaren« Befehl, wie beispielsweise `\section`, irgendwo im Text definiert sein muss.
`\renewcommand` * \⟨*Befehlsname*⟩ [*N*] [*Standard*] {*Definition*}	Identische Syntax und Wirkungsweise zum `\newcommand`-Befehl, mit dem einzigen Unterschied, dass er voraussetzt, dass ⟨*Befehlsname*⟩ schon definiert ist.
`\repeat`	Kennzeichnet das Ende einer durch `\loop` begonnenen Schleife.
`\RequirePackageWithOptions`{*Paketname*} [*Optionen*]	Falls das Paket noch nicht geladen wurde, entspricht der Befehl `\usepackage`, anderenfalls wird es nicht erneut geladen, die komma-separierte Liste der Klassenoptionen aber an das Paket übergeben.
`\reversemarginpar`	Vertauscht die Links-/Rechtsanordnung der Randbemerkungen.
`\right`{*Klammertyp*}	Kennzeichnet im mathematischen Modus die rechte Klammer. *Klammertyp* kann einen der folgenden Werte annehmen: (,), [,], `\{`, `\}`, |, `\vert`, `|`, `\Vert`, /, `\backslash`, `\langle`, `\rangle`, `\uparrow`, `\downarrow`, `\updownarrow`.
`\rightmark`	Enthält für die Kopfzeile die Untermarke, die mit dem ersten `\markboth`- oder `\markright`-Befehl auf der aktuellen Seite definiert wurde. Existiert dieser nicht, so wird die zuletzt definierte genommen.
`\rlap`{*Text*}	Schreibt *Text* in eine Box der Breite Null, sodass *Text* nicht den aktuellen Punkt nach rechts verschiebt. Kann zum Überschreiben benutzt werden: `ABC\rlap{DEF}GHI`→ABCDEFGHI (überschrieben) (siehe auch `\llap` auf S. 46).
`\rm`	Veraltete Form aus LaTeX2.09 für Roman Font. Ersatz durch `\textrm`{*Text*}.

Fortsetzung …

Name	*Beschreibung*
\rmdefault	Legt die Fontfamilie für Roman fest (Vorgabe `cmr`).
\rmfamily	Schaltet auf die durch `\rmdefault` festgelegte Fontfamile um (analog zu `\textrm`).
\Roman{*Zähler*}	Gibt den Wert von *Zähler* in großen römischen Ziffern aus: `\Roman{chapter}`→IV.
\roman{*Zähler*}	dito, für kleine römischen Ziffern: `\roman{`*chapter*`}`→iv.
\rq	Gibt das schließende (rechte) einfache Anführungszeichen aus: '.
\rule [*Shift*] {*Breite*}{*Höhe*}	Erstellt ein mit der aktuellen Linienfarbe ausgefülltes Rechteck aus *Breite* und *Höhe*. Mit dem optionalen Argument *Shift* kann durch Angabe einer positiven oder negativen Länge das Rechteck beliebig in vertikaler Richtung verschoben werden: (`\rule{30pt}{12pt} - \rule[6pt]{30pt}{12pt} - \rule[-6pt]{30pt}{12pt}`). Werte von 0 pt für *Breite* oder *Höhe* führen zu unsichtbaren Linien, die zum Formatieren benutzt werden können.
\S	Gibt das Paragraphenzeichen § aus.
\samepage	Veraltetes Makro.
\savebox\⟨*Boxname*⟩ [*Breite*] [*Pos*] {*Text*}	Prinzipiell identisch zu `\sbox`, mit der Ausnahme, dass `\savebox` nicht robust ist und über zwei optionale Parameter verfügt, die identisch zu `\makebox` sind.
\sb	Entspricht dem _-Zeichen für Subscript im mathematischen Modus.
\sbox\⟨*Boxname*⟩{*Text*}	Speichert *Text* in \⟨*Boxname*⟩, der dann mit `\usebox` weiter verwendet werden kann. Die Box muss vorher mit `\newsavebox` definiert worden sein. `\sbox` entspricht prinzipiell `\mbox`.
\sc	Veraltete Form aus LaTeX2.09 für SMALL CAPS. Ersatz durch `\textsc{`*Text*`}`.
\scdefault	Legt die Fontform für *small caps* fest (Vorgabe `sc`).
\scriptsize	Schaltet die aktuelle Schriftgröße auf eine sehr kleine Größe scriptsize. Bleibt solange gültig, bis durch einen weiteren Schriftbefehl anderes angegeben wird.
\scshape	Schaltet innerhalb des aktuellen Text-Zeichensatzes auf die durch `\scdefault` festgelegte Schriftform um (analog zu `\textsc`).
\scriptstyle	Stil für Hoch- und Tiefstellungen im mathematischen Modus.
\scriptscriptstyle	dito, für doppelte Hoch- und Tiefstellungen.
\section * {*Titel*}	Beginnt einen neuen Abschnitt, welcher bei der Sternversion nicht nummeriert wird.
\sectionmark{*Argument*}	Analog zu `\chaptermark`, für den Gliederungstyp `\section`.
\selectfont	Aktiviert alle durch die `\fontxxx`-Makros festgelegten Eigenschaften.
\seriesdefault	Die festgelegte Standard-Fontserie (Vorgabe `\mddefault`).
\setcounter{*Zähler*}{*Wert*}	Setzt *Zähler* auf *Wert*.
\setlength\⟨*Länge*⟩{*Wert*}	Setzt \⟨*Länge*⟩ auf *Wert*, der eine der zulässigen Einheiten haben muss (siehe

Fortsetzung ...

Name	*Beschreibung*
	auch Kapitel 5.1 auf S. 61).
\SetMathAlphabet\⟨*Name*⟩{*Mathversion*}{*encoding*}{*family*}{*series*}{*shape*}	Definiert den Font \⟨*Name*⟩ der Version *Mathversion*: `\SetMathAlphabet\mathsf{bold}{OT1}{cmss}{bx}{n}`.
\SetSymbolFont{*Name*}{*Mathversion*}{*encoding*}{*family*}{*series*}{*shape*}	Definiert den Font *Name* der Version *Mathversion*: `\SetSymbolFont{letters}{bold}{OML}{cmm}{b}{it}`.
\settodepth\⟨*Länge*⟩{*Text*}	Setzt \⟨*Länge*⟩ auf die Tiefe von *Text*.
\settoheight\⟨*Länge*⟩{*Text*}	Setzt \⟨*Länge*⟩ auf die Höhe von *Text*.
\settowidth\⟨*Länge*⟩{*Text*}	Setzt \⟨*Länge*⟩ auf die Breite von *Text*.
\sf	Veraltete Form aus LaTeX2.09 für sans serif. Ersatz durch `\textsf`{*Text*}.
\sfdefault	Legt die Fontfamilie für Sans Serif fest (Vorgabe `cmss`).
\sffamily	Schaltet auf die durch `\sfdefault` festgelegte Fontfamile um (analog zu `\textsf`).
\shapedefault	Die festgelegte Standard-Fontform (Vorgabe `\updefault`).
\shortstack [*Pos*] {... \\... \\... }	Erstellt eine einspaltige Tabelle beliebiger Zeilenzahl. Der optionale Parameter gibt die horizontale Ausrichtzung aller Zeilen an und kann einen der üblichen Werte *c* (Standard), *l* oder *r* annehmen.
\showhyphens{*Wort*}	Gibt im Logfile die Trennungsmöglichkeiten von *Wort* aus, beispielsweise: `\showhyphens`{*Kunterbunt*} → `Kun-ter-bunt`.
\sl	Veraltete Form aus LaTeX2.09 für slanted. Ersatz durch `\textsl`{*Text*}.
\sldefault	Legt die Fontform für *slanted* fest (Vorgabe `sl`).
\slash	Gibt den Schrägstrich / aus, der sich jedoch bezüglich der Trennung wie ein Bindestrich verhält.
\slshape	Schaltet innerhalb des aktuellen Text-Zeichensatzes auf die durch `\sldefault` festgelegte Schriftform um (analog zu `\textsl`).
\sloppy	Setzt die Werte für den toleranten Absatzumbruch, der größere Wortzwischenräume zulässt (siehe auch `\fussy` auf Seite 44).
\small	Schaltet die aktuelle Schriftgröße auf eine kleinere Größe small. Bleibt solange gültig, bis durch einen weiteren Schriftbefehl anderes angegeben wird.
\smallskip	Vertikaler Vorschub, analoger Befehl zu `\vspace\smallskipamount`.
\space	Gibt ein Leerzeichen aus, welches nicht von TeX »verschluckt« wird.
\sp	Entspricht dem ^-Zeichen für Superscript im mathematischen Modus.
\sqrt [*Wurzel*] {*Radikand*}	Das optionale Argument *Wurzel* sollte nicht für die Quadratwurzel verwendet werden. Das Wurzelzeichen wird der Größe des Radikanden angepasst.
\stackrel{*Oben*}{*Normal*}	Im mathematischen Modus kann mit diesem Befehl beispielsweise das aus den mathematischen Zeichen $\wedge$ und $=$ zusammengesetzte $\stackrel{\wedge}{=}$ erzeugt werden (`$\stackrel{\wedge}{=}$`). Der Parameter *Normal* wird immer auf derselben Höhe gesetzt wie normale Zeichen.
\strut	Gibt den Inhalt der Box `\strutbox` aus, der aus einer vertikalen Linie der Höhe des 0,7- und der Tiefe des 0,3-fachen von `\baselineskip` besteht. Die Breite

Fortsetzung ...

Name	*Beschreibung*
	der Box ist gleich Null.
\subparagraphmark{*Argument*}	Analog zu \chaptermark, für den Gliederungstyp \subparagraph.
\subsection* {*Titel*}	Beginnt einen neuen Unterabschnitt, welcher bei der Sternversion nicht nummeriert wird.
\subsectionmark{*Argument*}	Analog zu \chaptermark, für den Gliederungstyp \subsection.
\subsubsection* {*Titel*}	Beginnt einen neuen Unter-Unterabschnitt, welcher bei der Sternversion nicht nummeriert wird.
\subsubsectionmark{*Argument*}	Analog zu \chaptermark, für den Gliederungstyp \subsubsection.
\suppressfloats [*Position*]	Mit dem Erscheinen dieses Befehls werden auf der betreffenden Seite keine weiteren Gleitumgebungen mehr gesetzt. Mit der Angabe von *t* oder *b* für den optionalen Positionierungsparameter, kann der Befehl auf diese Optionen eingeschränkt werden.
\symbol{*Zeichennummer*}	Gibt das Zeichen der entsprechenden Nummer aus: \symbol{64}→@.
\tableofcontents	Mit diesem Befehl kann das Inhaltsverzeichnis an eine beliebige Stelle im Dokument eingefügt werden.
\TeX	Ausgabe von TEX im aktuellen Standardfont.
\textbf{*Text*}	Setzt *Text* in boldface: \textbf{*boldface*}→**boldface**.
\textit{*Text*}	Setzt *Text* in Italic: \textit{*Italic*}→*Italic*.
\textmd{*Text*}	Setzt *Text* in der Medium-Dicke: \textmd{*Medium*}→Medium.
\textnormal{*Text*}	Setzt *Text* im Standardfont: \textnormal{*Textnormal*}→Textnormal.
\textrm{*Text*}	Setzt *Text* im Font Roman: \textrm{*Roman*}→Roman.
\textsc{*Text*}	Setzt *Text* in Small caps: \textsc{*Small caps*}→SMALL CAPS.
\textsf{*Text*}	Setzt *Text* im Font Sans serif: \textsf{*Sans Serif*}→Sans Serif.
\textsl{*Text*}	Setzt *Text* in Slanted: \textsl{*Slanted*}→ *Slanted*.
\textstyle	Hauptstil im mathematischen Satz innerhalb des normalen Textes.
\textsubscript{*Argument*}	Setzt *Argument* als »Index«: H\textsubscript{2}O→H_2O. Benötigt das Paket fixltx2e.
^{*Argument*}	Setzt *Argument* als »Exponent«: 4th→4th.
\texttt{*Text*}	Setzt *Text* im Font Typewriter: \texttt{*Typewriter*}→Typewriter.
\textup{*Text*}	Setzt *Text* aufrecht: \itshape\textup{*Aufrecht*}→Aufrecht.
\thanks{*Text*}	Wird als Ersatz für \footnote in Titeln und Autorennamen verwendet, da anstelle der Fußnotennummer üblicherweise ein Symbol gesetzt wird.
\the⟨*Zähler*⟩	Gibt den aktuellen Wert von ⟨*Zähler*⟩ aus, beispielsweise \thepage→56.

Fortsetzung ...

Name	*Beschreibung*
\the\⟨*Länge*⟩	Gibt den aktuellen Wert des Längen- oder Skipregisters \⟨*Länge*⟩ aus, beispielsweise `\the\bigskipamount` → 12.0pt plus 4.0pt minus 4.0pt.
\thinspace	Ergibt einen horizontalen Leerraum von 2/3 em
\thispagestyle{*Seitenstil*}	Identisch zu `\pagestyle`, mit der Ausnahme, dass die Definition nur für die Seite gilt, auf der dieser Befehl erscheint.
\tiny	Schaltet die aktuelle Schriftgröße auf die kleinste Größe tiny. Bleibt solange gültig, bis durch einen weiteren Schriftbefehl anderes angegeben wird.
\title{*Text*}	Kennzeichnet den Titel, wobei Zeilenumbrüche mit \\ möglich sind. Anmerkungen in Fußnotenform sind mit dem `\thanks`-Befehl möglich (Seite 56).
\today	Gibt das Tagesdatum in der durch eine Sprachoption gewählten Form aus.
\tt	Veraltete Form aus LaTeX2.09 für `ttfamily`. Ersatz durch `\texttt`{*Text*}.
\ttdefault	Legt die Fontfamilie für Typewriter fest (Vorgabe `cmtt`).
\ttfamily	Schaltet auf die durch `\ttdefault` festgelegte Fontfamile um (analog zu `\texttt`).
\twocolumn [*Überschrift*]	Startet eine *neue Seite* im Zweispaltenmodus. Das optionale Argument ermöglicht eine über beide Spalten gehende Überschrift. Dieser Befehl ist nicht in allen Dokumentenklassen verfügbar.
\typein [\⟨*Befehlsname*⟩] {*Text*}	Gibt auf dem Terminal die Meldung *Text* aus und interpretiert dann die Eingabe bis zum nächsten Enter als normalen TeX-Quellcode. Ist mit dem optionalen Argument ein \⟨*Befehlsname*⟩ gegeben, so wird die Eingabe diesem Befehl zugeordnet.
\typeout{*Argument*}	Gibt *Argument* auf der Standardausgabe (Bildschirm) aus.
\underbar{*Argument*}	Analog zu `\underline` mit dem Unterschied, dass keine Unterlängen berücksichtigt werden.
\underbrace{*Gleichung*}	Die *Gleichung* wird mit einer Unterklammer versehen, die in der üblichen Weise über _ mit einem Label versehen werden kann: `$\underbrace{a^2+b^2}_{c^2}$` → $\underbrace{a^2+b^2}_{c^2}$
\underline{*Argument*}	Kann sowohl im mathematischen Modus als auch Textmodus zum Unterstreichen benutzt werden. Trennungen sind jedoch für die Wörter nicht möglich. Das Paket `soul` bietet hier Abhilfe.
\updefault	Legt die Fontform für *upright* fest (Vorgabe n).
\upshape	Schaltet innerhalb des aktuellen Text-Zeichensatzes auf die durch `\updefault` festgelegte Schriftform um (analog zu `\textup`).
\usebox\⟨*Boxname*⟩	Gibt den Inhalt von \⟨*Boxname*⟩ aus.
\usecounter{*Zähler*}	Ordnet im zweiten Argument einer `list`-Umgebung (siehe Seite 33) den zu benutzenden Zähler zu.

Fortsetzung …

Name	*Beschreibung*
\usefont{*Encoding*}{*Familie*}{*Serie*}{*Shape*}	
	Erlaubt eine vereinfachte Schriftumschaltung, wenn alle Parameter verändert werden sollen. `\usefont{T1}{futs}{b}{it}\selectfont`→***T1-Utopia-Bold-Italic.***
\usepackage [*Optionen*] {*Name(n)*}	
	Zu empfehlen ist, für jedes Paket eine eigene `\usepackage`-Anweisung vorzunehmen, da es eine eventuelle Fehlersuche durch gezieltes Auskommentieren erleichtert.
\value{*Zähler*}	
	Gibt den Wert von *Zähler* als Zahl aus, die überall dort benutzt werden kann, wo LaTeX als Eingabe ebenfalls eine Zahl erwartet.
\vdots	Gibt im mathematischen Modus drei vertikale Punkte aus $\vdots$
\vector(*dx,dy*){*Länge*}	
	Identisch zu `\line`, mit der Ausnahme, dass das Ende der Linie mit einem Pfeil versehen wird.
\verb* ⟨*Zeichen*⟩ *Text* ⟨*Zeichen*⟩	
	Die *Zeichen* müssen jeweils identisch sein und dürfen nicht in *Text* auftreten, der `verbatim` ausgegeben wird. `\verb` kann in der Regel nicht im Argument eines anderen Befehls auftreten. Die Sternversion gibt alle Leerzeichen als ␣ aus.
\vfill	Der `\vfill` erzeugt eine dynamische Länge (rubber length, welche nach Belieben wachsen oder schrumpfen kann. Der Befehl ist äquivalent zu einer leeren Zeile mit anschließendem `\vspace\fill`.
\vline	Der Befehl erzeugt eine vertikale Linie `\vline`→|, die die gesamte Höhe und Tiefe einer Zeile ausfüllt. `\vline` kann auch innerhalb eines `@`-Ausdruckes in Tabellenköpfen benutzt werden.
\vphantom{*Text*}	
	Erzeugt eine Box, die keine Breite, aber die Höhe von *Text* hat. Damit lassen sich besonders in Gleichungen und Tabellen ganz bestimmte vertikale Längen erzeugen.
\vspace* {*Länge*}	
	Der Befehl addiert vertikalen Freiraum von *Länge*, wobei ein Wert mit einer der gültigen Einheiten angegeben werden muss. Wird dieser Befehl mitten in einem Absatz angewendet, so zeigt er erst nach der aktuellen Zeile eine Wirkung. Die Sternversion verhindert, dass Freiraum direkt am Anfang oder Ende einer Seite ignoriert wird.

4.3 Spezielle Befehle

Diese enthalten in der Regel das `@`-Zeichen, sodass sie von den Befehlen `\makeatletter` und `\makeatother` umschlossen sein müssen, wenn sie in einem normalen Dokument verwendet werden.

Name	*Beschreibung*
\@cclvi	Zahl 256 oder 256. Zeichen im aktuellen mathematischen Font `$\@cclvi$` → Γ; `$\the\@cclvi$` → 256.

Fortsetzung ...

Name	*Beschreibung*
\@dottedtocline{*Ebene*}{*Einzug*}{*S-Breite*}{*Text*}{*Seite*}	Erlaubt das Formatieren eines Inhaltsverzeichniseintrags. *Ebene* bezeichnet die übliche *chapter–section* ... Unterteilung; *Einzug* den Abstand vom linken Rand; *S-Breite* die Breite der Box, welche die Gliederungsnummer enthält; *Text* die auszugebene Zeichenkette und *Seite* die Seitennummer.
\@fnsymbol{*Zahl*}	Definiert die Symbole für die Fußnoten auf der Titelseite und kann jederzeit neu definiert werden.
\@for \⟨*loopVar*⟩:=$i_1, i_2, \ldots, i_n$ **\do** {*Argument*}	Argument wird n-mal ausgeführt, wobei \⟨*loopVar*⟩ den Wert aus der kommaseparierten Liste annimmt, der in *Argument* verwendet werden kann.
\@gobble{*Argument*}	»verschluckt« *Argument* und ersetzt es durch {}.
\@gobbletwo{*Arg1*}{*Arg2*}	»verschluckt« *Arg1 und Arg2* und ersetzt sie durch {}.
\@gobblefour{*Arg1*}{*Arg2*}{*Arg3*}{*Arg4*}	dito, für vier Argumente.
\@ifdefinable{\Befehl}{*Definition*}	Wenn \Befehl definierbar ist, also *nicht* existiert, dann wird *Definition* vorgenommen.
\@ifnextchar{*Zeichen*}{*Wahr*}{*Falsch*}	Wenn das nächste Zeichen in der Parameterliste gleich *Zeichen* ist, dann wird *Wahr* ausgeführt, anderenfalls *Falsch*.
\@ixpt	Zahl 9: \@ixpt → 9.
\@m	Zahl 1000 im mathematischen Modus: $\the\@m$ → 1000.
\@M	Zahl 10000 im mathematischen Modus: $\the\@M$ → 10000.
\@MM	Zahl 20000 im mathematischen Modus: $\the\@MM$ → 20000.
\m@ne	Zahl -1: \the\m@ne → -1.
\@namedef{*Argument*}	Definiert *Argument* nach Expandierung als Makro, beispielsweise \@namedef{cp@#1}, wobei der Parameter #1 vorher entsprechend ersetzt wird.
\@nameuse{*Argument*}	Prinzipiell identisch zu \@namedef, jedoch erfolgt keine Expansion des Arguments.
\@ne	Zahl 1 oder erstes Zeichen im aktuellen Font \@ne → ´; \the\@one → 1.
\@percentchar	Gibt das %-Zeichen aus. Hilfreich, wenn man es als Teil eines Arguments bei Befehlen benutzen möchte.
\@tfor \⟨*loopVar*⟩:=$t_1 t_2, \ldots, t_n$**\do** {*Argument*}	Argument wird n-mal ausgeführt, wobei \⟨*loopVar*⟩ den Wert aus der Tokenliste annimmt, der in *Argument* verwendet werden kann.
\@vpt	Zahl 5: \@vpt → 5.
\@vipt	Zahl 6: \@vipt → 6.
\@viipt	Zahl 7: \@viipt → 7.
\@viiipt	Zahl 8: \@viiipt → 8.
\@whiledim ⟨*Test*⟩ **\do** {*Argument*}	

Fortsetzung ...

Name	*Beschreibung*
	Argument wird solange wiederholt bis *Test* eine falsche Aussage liefert. *Test* selbst muss zwei Größen vergleichen, beispielsweise `\linewidth>15cm`.
`\@whilenum` ⟨*Test*⟩ **`\do`** {*Argument*}	dito, nur dass *Test* zwei Zähler vergleicht, beispielsweise `\thechapter>5`.
`\@whilesw` `\if`⟨*Name*⟩ `\fi` {*Argument*}	*Argument* wird solange wiederholt wie `\if`⟨*Name*⟩ eine wahre Aussage liefert.
`\@xpt`	Zahl 10: `\@xpt` → 10.
`\@xipt`	Zahl 10.95: `\@xipt` → 10.95.
`\@xiipt`	Zahl 12: `\@xiipt` → 12.
`\@xivpt`	Zahl 14.4: `\@xivpt` → 14.4.
`\@xviipt`	Zahl 17.28: `\@xviipt` → 17.28.
`\@xxpt`	Zahl 20.74: `\@xxpt` → 20.74.
`\@xxvpt`	Zahl 24.88: `\@xxvpt` → 24.88.
`\csname`	Beginnt einen Befehl, was faktisch dem Backslash entspricht. Beispielsweise `\csname`⟨*Name*⟩`\endcsname` führt den Befehl `\`⟨*Name*⟩ aus.
`\endcsname`	Beendet einen Befehl, beispielsweise `\csname#1\endcsname` führt den Befehl \#1 aus, wobei für #1 die entsprechende Ersetzung genommen wird.
`\f@size`	Die Größe des aktuellen Fonts (ohne Einheit, daher keine Länge) `\f@size` → 10.
`\hexnumber@`{*Zähler*}	Gibt den Zählerwert (0…15) als Hexadezimalzahl aus: `$\hexnumber@{\theequation}}$` → 4.
`\sixt@@n`	Zahl 16 oder 16. Zeichen im Font `\sixt@@n` → “; `\the\sixt@@n` → 16.
`\strip@prefix`{*Argument*}	Entfernt von *Argument* alles bis einschließlich eines auftretenden »>«-Zeichens. Kann zum Ausgeben von Makrodefinitionen verwendet werden: `\meaning\strip@pt`→macro:->\expandafter \rem@pt \the `\expandafter\strip@prefix\meaning\strip@pt` →\expandafter \rem@pt \the
`\strip@pt``\`⟨*Länge*⟩	Entfernt von `\`⟨*Länge*⟩ die Einheit pt, `\strip@pt\textwidth` → 355.65944, im Gegensatz zu `\the\textwidth` → 355.65944pt.
`\thr@@`	Zahl 3 oder drittes Zeichen im aktuellen Font `\thr@@` → ˜; `\the\three@@` → 3.
`\tw@`	Zahl 2 oder zweites Zeichen im aktuellen Font `\tw@` → ˆ; `\the\tw@` → 2.
`\two@digits`{*Zahl*}	Gibt *Zahl* mit einer führenden Null aus, wenn sie nur eine Ziffer enthält: `\two@digits{9}` → 09.
`\verbatim@font`	Schriftstil für den Verbatim-Modus, normalerweise durch die Dokumentenklasse definiert als `\normalfont\ttfamily`.

Kapitel 5

Längen und Zähler

Unter LaTeX werden alle Längen und Zähler über symbolische Namen angesprochen, in TeX sind dies sogenannte *dimen-*, *skip-* und *count*-Register, die über eine Registernummer angesprochen werden. Bis auf zwei Längen im Zusammenhang mit Fußnoten werden in Tabelle 5.1 auf S. 63 nur diese symbolischen Namen verwendet.

5.1 Längen

Eine Länge ist im physikalischen Sinne eine Maßzahl zusammen mit einer Maßeinheit, beispielsweise 3.14 cm. LaTeX akzeptiert die verschiedensten Maßeinheiten, denen zusätzlich `true` vorangestellt werden kann, sodass Skalierungen dann keine Auswirkung haben.

bp	Big Point (72 bp/in)	1.00374pt
cc	Cîcero (1 cc=12 dd)	12.8401pt
cm	Centimeter	28.45274pt
dd	Didôt ($1157\,\mathrm{dd} = 1238\,\mathrm{pt}$)	1.07pt
em	Die Breite des Buchstabens »M« in dem gewählten Font, weicht in der Regel von der aktuell gültigen Fontgröße ab: M→8.24998pt	10.0pt
ex	Die Höhe des Buchstabens »x« in dem gewählten Font, weicht ebenfalls in der Regel davon ab: x→4.21997pt	4.35999pt
in	Inch (korrekter Wert 72.27 pt)	72.26999pt
mm	Millimeter	2.84526pt
mu	Mathematische Einheit (1 mu=1/18em)	0.05554pt
pc	Pica (12 pt/pc)	12.0pt
pt	(TeX-)Points ($1/72.27$ Inch)	1.0pt
px	Bildpunkt, abhängig von der Auflösung (nur für pdfTeX)	
sp	Scaled Point (65536 sp/pt)	0.00002pt

em, ex, mu und px sind sogenannte dynamische Größen, da sie sich automatisch ändern, sobald der aktuelle Font oder die aktuelle Bildauflösung (px) verändert wird. mu darf nur im mathematischen Modus benutzt werden und ist auch nicht mit anderen Einheiten kombinierbar. Das entsprechende Makro zum Setzen der Abstände ist `\mkern`, beispielsweise:

$$\int\limits_1^\infty \frac{1}{x^2}\,\mathrm{d}x = 1$$

$$\int\limits_1^\infty\mkern-3mu\frac{1}{x^2}\,\mathrm{d}x = 1$$

```
\usepackage{amsmath}
\newcommand*\dx{\,\mathrm{d}x}
\begin{align*}
  \int\limits_1^\infty          \frac{1}{x^2}\dx &= 1\\
  \int\limits_1^\infty\mkern-3mu\frac{1}{x^2}\dx &= 1
\end{align*}
```

Bsp. 5-1-1

Alle Längenangaben benötigen eine Einheit und können sowohl positive als auch negative Werte haben und sollten unter LaTeX ausschließlich mit den Makros `\setlength` und `\addtolength` in ihren Werten verändert werden. Neben der Zuweisung der festen Länge zu einem *dimen register*, kennt LaTeX auch sogenannte *skip register*, welche neben dem Hauptwert zwei zusätzliche Angaben über den Schrumpfungsgrad und den Ausdehnungsgrad haben können, gekennzeichnet durch `plus` und `minus`, beispielsweise `12pt plus 2pt minus .2ex`. Eine dritte Länge wird als »Gummilänge« (*rubber length*) bezeichnet, wenn sie sich *beliebig* verkürzen oder ausdehnen kann, beispielsweise `\hfill`. Praktische Beispiele finden sich in der folgenden Zusammenstellung.

- Längen benötigen grundsätzlich die Angabe einer Maßeinheit.
- Durch Voranstellen eines Faktors können Vielfache und Teile einer gegebenen Länge erreicht werden, beispielsweise `1.5\abovedisplayskip` entspricht 15.0pt.
- Alle Längenmakros sind robust, brauchen somit nie ein vorangestelltes `\protect`.
- Die Ausgabe einer Länge kann über den `\the`-Befehl erreicht werden, beispielsweise `\the\topskip`→10.0pt.
- Folgende Makros definieren und beeinflussen Längen:
  - **`\newlength`**
  - **`\addtolength`**
  - **`\settoheight`**
  - **`\setlength`**
  - **`\settowidth`**
  - **`\settodepth`**
- Folgende Makros haben Einfluss auf horizontale oder vertikale Abstände:
  - **`\hfill`**
  - **`\addvspace`**
  - **`\medskip`**
  - **`\vfill`**
  - **`\hspace`**
  - **`\smallskip`**
  - **`\bigskip`**
  - **`\vspace`**

Die folgende Liste enthält alle LaTeX-spezifischen Längen mit ihren Standardwerten, die nicht notwendigerweise für alle verwendeten Klassen dieselben sein müssen. Die Liste ist unterteilt in allgemeine, mathematische und listenspezifische Längen. Die Angaben zu den Werten beziehen sich hier auf die verwendete Dokumentenklasse und sind daher nicht notwendigerweise allgemein LaTeX-spezifisch. Benutzt wurde die von Frank Mittelbach für den LaTeX Companion entwickelte Klasse.

Tabelle 5.1: Zusammenstellung der LaTeX-spezifischen Längen

Name	*Beschreibung*	*Wert*
	Allgemeine Längen	
\abovedisplayskip	Normaler Abstand zwischen Text und Gleichung	10.0pt plus 2.0pt minus 5.0pt
\abovedisplayshortskip	Normaler Abstand zwischen Text mit kurzer Zeile und Gleichung	0.0pt plus 3.0pt
\arraycolsep	Abstand zwischen Spalten einer `array`-Umgebung	5.0pt
\arrayrulewidth	Liniendicke für `\hline` in einer `array`- und `tabular`-Umgebung	0.4pt
\baselineskip	Abstand zweier Zeilen in einem Absatz (Zeilenvorschub)	11.72pt
\belowdisplayskip	Normaler Abstand zwischen Gleichung und Text	10.0pt plus 2.0pt minus 5.0pt
\belowdisplayshortskip	Normaler Abstand zwischen Gleichung und Text mit kurzer Zeile	6.0pt plus 3.0pt minus 3.0pt
\bigskipamount	Vertikaler Abstand, der bei `\bigskip` verwendet wird	12.0pt plus 4.0pt minus 4.0pt
\columnsep	Abstand der Textspalten im `\twocolumn`-Modus	10.0pt
\columnseprule	Breite einer Spaltentrennlinie im `\twocolumn`-Modus	0.0pt
\columnwidth	Breite einer Spalte in der lokalen Umgebung	355.65944pt
\dblfloatsep	Vertikaler Abstand zweier Gleitumgebungen im `\twocolumn`-Modus	12.0pt plus 2.0pt minus 2.0pt
\depth	Die Länge kann als Parameter bei Boxen verwendet werden, um auf die interne Tiefe des Boxinhalts Bezug zu nehmen.	
\doublerulesep	Abstand einer Doppellinie in einer `array`- oder `tabular`-Umgebung	2.0pt
\dbltextfloatsep	Vertikaler Abstand zwischen Gleitumgebung und Text im `\twocolumn`-Modus	20.0pt plus 2.0pt minus 4.0pt
\emergencystretch	Der maximal mögliche Leerraum zwischen Wörtern, wird erst im letzten Durchgang beim Berechnen des Absatzumbruchs berücksichtigt.	20.0pt
\evensidemargin	Linker Rand für gerade Seiten	63.21346pt
\fboxrule	Liniendicke der Umrandung einer `\fbox`	0.4pt
\fboxsep	Abstand zwischen Text und Rand einer `\fbox`	3.0pt
\fill	Beliebig dehnbarer Abstand	0.0pt plus 1.0fill
\floatsep	Vertikaler Abstand zweier Gleitumgebungen	20.0pt plus 6.0pt
\fontdimen1`\font`	Neigungswert eines Fonts in 1 pt Höhe des Zeichens	0.0pt
\fontdimen2`\font`	Allgemeiner Wortzwischenraum	1.93994pt
\fontdimen3`\font`	Dehnbarkeit des Wortzwischenraumes	1.1599pt
\fontdimen4`\font`	Erlaubter Wert für die Stauchung des Wortzwischenraums	0.45995pt
\fontdimen5`\font`	Die Höhe eines »x« im aktuellen Font, entspricht 1 ex.	4.35999pt

Fortsetzung ...

Name	*Beschreibung*	*Wert*
\fontdimen6\font	Die Breite eines »M« im aktuellen Font, entspricht 1 em.	10.0pt
\fontdimen7\font	Zusätzlicher Zwischenraum nach einem Satzendezeichen für \nonfrenchspacing	0.45995pt
\dimen\footins	Maximale Höhe des Fußnotenbereichs (8 inch)	578.15999pt
\skip\footins	Abstand zwischen Text und erster Fußnote	9.0pt plus 4.0pt minus 2.0pt
\footnotesep	Abstand zweier Fußnoten	6.65pt
\footskip	Abstand der letzten Textzeile zur unteren Linie der Fußzeile	51.21495pt
\headheight	Höhe der Kopfzeile	14.22636pt
\headsep	Abstand zwischen Kopfzeile und Textbereich	22.76219pt
\height	Die Länge kann als Parameter bei Boxen verwendet werden, um auf die interne Höhe des Boxinhalts Bezug zu nehmen.	
\hoffset	Horizontaler Abstand für den absoluten Seitenrand	0.0pt
\intextsep	Vertikaler Abstand einer Gleitumgebung zum umgebenden Text	6.0pt plus 1.0pt minus 1.0pt
\linewidth	Breite einer Zeile in der aktuellen Umgebung	355.65944pt
\marginparsep	Abstand zwischen Textrand und Randbemerkung	5.69054pt
\marginparwidth	Breite einer Randbemerkung	54.06023pt
\mathindent	Einrückung bei linksbündigen abgesetzten Formeln	18.0pt
\maxdimen	Größte Länge, die TEX handhaben kann ($\approx$5,7 m).	16383.99998pt
\medskipamount	Vertikaler Abstand, der bei \medskip benutzt wird.	6.0pt plus 2.0pt minus 2.0pt
\normalbaselineskip	Normaler Abstand zwischen Zeilen in einem Absatz	11.72pt
\normallineskip	Normaler Freiraum (Durchschuss) zwischen Zeilen in einem Absatz	0.0pt
\normallineskiplimit	Mindestfreiraum (Durchschuss) zwischen Zeilen in einem Absatz	0.0pt
\oddsidemargin	Linker Rand für ungerade Seiten, wenn die twoside-Option gesetzt ist.	22.76219pt
\overfullrule	Breite der »overfull«-Linie am Rand bei Anwendung der draft-Dokumentenklassenoption.	0.0pt
\paperheight	Die gesamte Seitenhöhe	682.86613pt
\paperwidth	Die gesamte Seitenbreite	483.69684pt
\parindent	Normaler Absatzeinzug	18.0pt
\parskip	Vertikaler Abstand zwischen Absätzen	0.0pt
\smallskipamount	Vertikaler Abstand, der bei \smallskip benutzt wird.	3.0pt plus 1.0pt minus 1.0pt
\tabcolsep	Abstand zwischen Spalten einer tabular-Umgebung	6.0pt
\textheight	Die Höhe des Textbereiches der Seite	554.82874pt
\textfloatsep	Vertikaler Abstand eines Textes zwischen zwei Gleitumgebungen	20.0pt plus 8.0pt
\textwidth	Die Breite des Textbereiches der Seite	355.65944pt

Fortsetzung …

Name	*Beschreibung*	*Wert*
`\topskip`	Abstand von der Oberkante der Seite bis zur Basislinie der ersten Textzeile	10.0pt
`\totalheight`	Die Länge kann als Parameter bei Boxen verwendet werden, um auf die interne Höhe und Tiefe des Boxinhalts Bezug zu nehmen.	
`\unitlength`	Längeneinheit der `picture`-Umgebung; für alle Befehle wie `\line`, `\vector`, `\circle` oder `\oval`.	1.0pt
`\voffset`	Vertikaler Abstand für den absoluten Seitenrand	0.0pt
`\width`	Die Länge kann als Parameter bei Boxen verwendet werden, um auf die interne Breite des Boxinhalts Bezug zu nehmen.	
	Längen (skips) im Mathematikmodus	
`\abovedisplayshortskip`	Abstand oberhalb einer kurzen abgesetzten Formel	0.0pt plus 3.0pt
`\abovedisplayskip`	Abstand oberhalb einer abgesetzten Formel	10.0pt plus 2.0pt minus 5.0pt
`\belowdisplayshortskip`	Abstand unterhalb einer kurzen abgesetzten Formel	6.0pt plus 3.0pt minus 3.0pt
`\belowdisplayskip`	Abstand unterhalb einer abgesetzten Formel	10.0pt plus 2.0pt minus 5.0pt
`\medmuskip`	Abstand vor/nach einem Operator	4.0mu plus 2.0mu minus 4.0mu
`\thickmuskip`	Abstand vor/nach einem Vergleichsoperator	5.0mu plus 5.0mu
`\thinmuskip`	Abstand zwischen Operator und Variable	3.0mu
	Längen in Listen (Abbildung 2.4 auf S. 24)	
`\itemindent`	Zeileneinzug der ersten Zeile eines `\item` (kann negativ sein)	0.0pt
`\itemsep`	Zusätzlicher vertikaler Abstand zwischen den `\item` einer Liste	6.0pt
`\labelsep`	Horizontaler Abstand zwischen Label und Text	8.0pt
`\labelwidth`	Mindestbreite der Labelbox.	10.0pt
`\leftmargin`	Horizontaler Abstand zwischen dem linken Rand der Umgebung und `\item`	18.0pt
`\listparindent`	Absatzeinzug eines `\item` (kann negativ sein)	0.0pt
`\parsep`	Vertikaler Abstand zwischen Absätzen innerhalb eines `\item`	0.0pt
`\partopsep`	Zusätzlicher vertikaler Abstand zu Beginn einer Liste	0.0pt
`\rightmargin`	Horizontaler Abstand zwischen dem rechten Rand der Umgebung und dem Text	0.0pt
`\topsep`	Zusätzlicher vertikaler Abstand zu Beginn einer Liste	10.0pt plus 4.0pt

Spezielle Längen

Diese enthalten in der Regel das @-Zeichen, sodass sie von den Befehlen `\makeatletter` und `\makeatother` umschlossen sein müssen, wenn sie in einem normalen Dokument verwendet werden.

`\p@`	TEX-Basiseinheit.	1.0pt
`\z@`	Entspricht 0 pt *und* 0	0.0pt
`\z@skip`	dito, als skip-Register.	0.0pt
`\@tempdima`	Temporäres Register.	8.20396pt
`\@tempdimb`	dito.	10.0pt
`\@tempdimc`	dito.	0.0pt

5.2 Zähler

Die LaTeX-internen Zähler haben immer denselben Namen wie die zugehörigen Umgebungen oder Befehle, beispielsweise `table`. Die Ausgabe eines Zählers kann über ein Voranstellen von `\the` vor den Zählernamen erreicht werden, beispielsweise `\thepage`→66.

Zähler (Counter) können positive und negative ganze Zahlen haben und mit den folgenden Befehlen definiert und verändert werden, wobei insbesondere `\refstepcounter` für eigene Anwendungen von Interesse ist. Mit `\refstepcounter` veränderte (eigene) Zähler können für Marken (`\label`) und Verweise (`\ref`) benutzt werden.

- **`\newcounter`**{*Zähler*} [*Rücksetzzähler*]
- **`\setcounter`**{*Zähler*}{*Wert*}
- **`\addtocounter`**{*Zähler*}{*Wert*}
- **`\stepcounter`**{*Zähler*}
- **`\refstepcounter`**{*Zähler*}
- **`\usecounter`**{*Zähler*}
- **`\value`**{*Zähler*}
- **`\arabic`**{*Zähler*}
- **`\Roman`**{*Zähler*}
- **`\roman`**{*Zähler*}
- **`\Alph`**{*Zähler*}
- **`\alph`**{*Zähler*}
- **`\fnsymbol`**{*Zähler*}

Name	*Beschreibung*	*Name*	*Beschreibung*
part	Gliederung	**chapter**	Gliederung
section	Gliederung	**subsection**	Gliederung
subsubsection	Gliederung	**paragraph**	Gliederung
subparagraph	Gliederung	**page**	Seitenzähler
equation	Gleichungen	**figure**	Gleitumgebung
table	Gleitumgebung	**footnote**	Fußnote
mpfootnote	Fußnote in `minipage`	**enumi**	Listenzähler
enumii	Listenzähler	**enumiii**	Listenzähler
enumiv	Listenzähler	**secnumdepth**	Gliederungstiefe (2)
		tocdepth	TOC-Ebenen (1) -1 `\part` 0 `\chapter` 1 `\section` ……
lefthyphenmin	Mindestzeichenzahl auf der linken Seite bei der Trennung (2)		
righthyphenmin	dito für rechte Seite des Wortes (2)		

Spezielle Zähler

`\errorcontextlines`	Fehlerzeilen (35)	**`\badness`**	`\vbox`/`\hbox`-Bewertung (0)
`\@tempcnta`	Temporär	**`\hbadness`**	`\hbox`-Bewertung (1000)
`\@tempcntb`	Temporär	**`\vbadness`**	`\vbox`-Bewertung (1000)
`\@multicnt`	Für `\multiput` u. a.	**`\pretolerance`**	Maximale »Badness« einer Zeile (100)
`\tolerance`	Endgültige »Badness« einer Zeile (5000)		

Kapitel 6

Fonts

In diesem Kapitel werden nicht alle Fonts aufgeführt, die in einer TEX-Distribution zur Verfügung stehen, da die Zahl zum Einen sehr groß und zum Anderen je nach Distribution unterschiedlich sein kann. Hier werden daher nur die Fonts explizit angegeben, die auf jedem System vorhanden, frei verfügbar und zusätzlich für viele Anwender von Interesse sind.

6.1 Die Fontmakros und ihre Parameter

Sämtliche Font-Parameter, die den Makros übergeben werden, sind erst mit Ausführung des Befehls `\selectfont` wirksam!

```
\selectfont
```

Alternativ kann auch das Makro `\usefont` verwendet werden, welches für den Fall, dass mehrere oder alle Attribute geändert werden sollen, eine Vereinfachung darstellt. Dieses führt implizit auch ein `\selectfont` aus.

`\usefont{`*encoding*`}{`*family*`}{`*series*`}{`*shape*`}`

6.1.1 \fontencoding

Die Kodierung definiert die Zeichentabelle, die in einer .fd-Datei nach dem Muster *KodierungFamilie*.fd gespeichert ist, beispielsweise t1ptm.fd. Die möglichen Kodierungen sind in Tabelle 6.1 zusammengefasst.

```
\fontencoding{Kodierungstyp}
```

In der Regel wird man für europäische Dokumente (Latin) die T1-Kodierung verwenden und bereits beim Laden des Paketes fontenc als Parameter übergeben, beispielsweise \usepackage[*T1*]{*fontenc*}.

Tabelle 6.1: Auswahl an Standard-Fontkodierungen mit LaTeX

Kodierung	*Beschreibung*
T1	LaTeX-Textkodierung (Latin) (»Cork« encoding)
TS1	LaTeX-Symbolkodierung (Latin)
T2A,B,C	LaTeX Textkodierung (Kyrillisch)
T3	Phonetisches Alphabet des Pakets tipa (LaTeX)
TS3	Dito. für Symbole
T4	Textkodierung für afrikanische Sprachen (LaTeX)
T5	Textkodierung für Vietnamesisch (LaTeX)
T7	Textkodierung für Griechisch (LaTeX)
OT1	TeX-Originalkodierung von Donald Knuth
OT4	TeX-Kodierung für polnische Erweiterungen
OML	TeX-Originalkodierung für mathematische Zeichen von Donald Knuth
OMS	TeX-Originalkodierung für mathematische Symbole von Donald Knuth
OMX	Dito. mit Erweiterungen
U	Unbestimmte Kodierung
L..	Lokale Kodierung für eigene Entwicklungen
LY1	Alternative zu T1

Tabelle 6.2: Abkürzungen für Schriftstärke und -breite (series)

Bezeichnung	*Kürzel*	*Bezeichnung*	*Kürzel*
Ultra Light	ul	Ultra Condensed	uc
Extra Light	el	Extra Condensed	ec
Light	l	Condensed	c
Semi Light	sl	Semi Condensed	sc
Medium (normal)	m		
Semi Bold	sb	Semi Expanded	sx
Bold	b	Expanded	x
Extra Bold	eb	Extra Expanded	ex
Ultra Bold	ub	Ultra Expanded	ux

6.1.2 \fontfamily

Die Familie als Oberbegriff wird durch ein Kürzel festgelegt, welches man aus der Dokumentation zum jeweiligen Font entnehmen kann, beispielsweise `lmmi`, für »latin modern math italic«. Weitere Beispiele findet man in der folgenden Fontzusammenstellung.

\fontfamily{*Fontfamilie*}

6.1.3 \fontseries

Die Fontserie definiert die Stärke und Breite eines Fonts, wobei nur die wenigsten Fonts auch alle Attribute unterstützen. Tabelle 6.2 auf der vorherigen Seite zeigt eine Zusammenstellung aller möglichen Attribute.

\fontseries{*Fontserie*}

6.1.4 \fontshape

Nicht alle Kombinationen der Schriftform (shape) werden von dem jeweiligen Font unterstützt. Dies ist auch der Grund, warum in Tabelle 6.3 für die Beispielspalte auch die Schriftart gewechselt wurde (cms), um alle Optionen zeigen zu können.

\fontshape{*Fontshape*}

Tabelle 6.3: Namen und Abkürzungen für die Schriftform (shape)

Name		*Beispiel*	*Name*		*Beispiel*
upright (normal)	n	aufrecht	italic	it	*italic*
slanted/oblique	sl	*slanted*	small caps	sc	SMALL CAPS
upright italic	ui	italic aufrecht	outline	ol	Outline shape

6.1.5 \fontsize

Die Schriftgröße wird man ebenfalls nur in Ausnahmefällen verändern wollen, denn die vorhandenen neun Makros (`\tiny`... `\Huge`) sind meist hinreichend.

\fontsize{*Schriftgröße*}{*Zeilenvorschub*}

Ohne eine Angabe einer Einheit wird standardmäßig `pt` genommen, ansonsten sind alle TEX-kompatible Einheiten möglich (siehe Abschnitt 5.1 auf S. 61). Die *Schriftgröße* (`\baselineskip`) wird für den Fall, dass sie kleiner ist als die Zeichengröße (`\f@size`) nur dann berücksichtigt, wenn die Differenz aus *Zeilenvorschub-Schriftgröße* den Wert `\lineskiplimit` (Standard 0 pt) nicht unterschreitet. Anderenfalls wird der Wert `\lineskip` (Standard 1 pt) für den Zeilenabstand genommen. Siehe Beispiel in der folgenden Tabelle.

Tabelle 6.4: Beispiele für Schriftgrößen

Parameter	*Beispiel*
{10}{10}	Dies ist ein ganz sinnloser Satz, der nur zur Demonstration von Schriftgröße und Zeilenhöhe dient und zu nichts anderem.
{10}{0}	Dies ist ein ganz sinnloser Satz, der nur zur Demonstration von Schriftgröße und Zeilenhöhe dient und zu nichts anderem.
{10}{15}	Dies ist ein ganz sinnloser Satz, der nur zur Demonstration von Schriftgröße und Zeilenhöhe dient und zu nichts anderem.
{10}{11}	Dies ist ein ganz sinnloser Satz, der nur zur Demonstration von Schriftgröße und Zeilenhöhe dient und zu nichts anderem.
{5}{5.5}	Dies ist ein ganz sinnloser Satz, der nur zur Demonstration von Schriftgröße und Zeilenhöhe dient und zu nichts anderem. Dies ist ein ganz sinnloser Satz, der nur zur Demonstration von Schriftgröße und Zeilenhöhe dient und zu nichts anderem.
{8}{8.7}	Dies ist ein ganz sinnloser Satz, der nur zur Demonstration von Schriftgröße und Zeilenhöhe dient und zu nichts anderem.
{16}{17}	Dies ist ein ganz sinnloser Satz, der nur zur Demonstration von Schriftgröße und Zeilenhöhe dient und zu nichts anderem.
{1cm}{1.1cm}	Dies ist ein ganz sinnloser Satz ...

6.2 Schriften mit Serifen

Für den Fall, dass das Laden der Schriften durch ein entsprechendes Paket unterstützt wird, ist dieses jeweils angegeben. Mit dem Laden des Paketes wird dann automatisch auf die jeweilige Schriftart umgeschaltet.

6.2.1 Bera Serif – fve, \usepackage{*beraserif*}

Alternativ kann das Paket bera geladen werden; es lädt dann alle drei bera-Fonts und zusätzlich das textcomp-Paket.

encod.	*family*	*series*	*shape*	*Beispiel*
T1	fve	m	n	abcdefghijklmnopqrstuvwxyzäöüß ABCDEFGHIJKLMNOPQRSTUVWXYZÄÖÜ 0123456789<>,.!"§$%&()=?+#
T1	fve	m	sl	*abcdefghijklmnopqrstuvwxyzäöüß* *ABCDEFGHIJKLMNOPQRSTUVWXYZÄÖÜ* *0123456789<>,.!"§$%&()=?+#*
T1	fve	b	n	**abcdefghijklmnopqrstuvwxyzäöüß** **ABCDEFGHIJKLMNOPQRSTUVWXYZÄÖÜ** **0123456789<>,.!"§$%&()=?+#**

encod.	family	series	shape	Beispiel
T1	fve	b	sl	***abcdefghijklmnopqrstuvwxyzäöüß*** ***ABCDEFGHIJKLMNOPQRSTUVWXYZÄÖÜ*** ***0123456789<>,.!"§$%&()=?+#***

6.2.2 Computer Modern Roman – cmr

Die Standardschrift von TEX, die in jedem System vorhanden ist und auch einen mathematischen Zeichensatz enthält (siehe Abschnitt 6.6.1 auf S. 84) und auch durch cm-super als T1-Font existiert.

encod.	family	series	shape	Beispiel
OT1	cmr	m	n	abcdefghijklmnopqrstuvwxyzäöüß ABCDEFGHIJKLMNOPQRSTUVWXYZÄÖÜ 0123456789¡¿,.!"§$%&()=?+#
OT1	cmr	m	it	*abcdefghijklmnopqrstuvwxyzäöüß* *ABCDEFGHIJKLMNOPQRSTUVWXYZÄÖÜ* *0123456789¡¿,.!"§$%&()=?+#*
OT1	cmr	m	sl	*abcdefghijklmnopqrstuvwxyzäöüß* *ABCDEFGHIJKLMNOPQRSTUVWXYZÄÖÜ* *0123456789¡¿,.!"§$%&()=?+#*
OT1	cmr	m	sc	ABCDEFGHIJKLMNOPQRSTUVWXYZÄÖÜSS ABCDEFGHIJKLMNOPQRSTUVWXYZÄÖÜ 0123456789<>,.!"§$%&()=?+#
OT1	cmr	b	n	**abcdefghijklmnopqrstuvwxyzäöüß** **ABCDEFGHIJKLMNOPQRSTUVWXYZÄÖÜ** **0123456789¡¿,.!"§$%&()=?+#**
OT1	cmr	bx	n	**abcdefghijklmnopqrstuvwxyzäöüß** **ABCDEFGHIJKLMNOPQRSTUVWXYZÄÖÜ** **0123456789¡¿,.!"§$%&()=?+#**
OT1	cmr	bx	it	***abcdefghijklmnopqrstuvwxyzäöüß*** ***ABCDEFGHIJKLMNOPQRSTUVWXYZÄÖÜ*** ***0123456789¡¿,.!"§$%&()=?+#***
OT1	cmr	bx	sl	***abcdefghijklmnopqrstuvwxyzäöüß*** ***ABCDEFGHIJKLMNOPQRSTUVWXYZÄÖÜ*** ***0123456789¡¿,.!"§$%&()=?+#***

6.2.3 Bookman – pbk, \usepackage{*bookman*}

encod.	family	series	shape	Beispiel
T1	pbk	m	n	abcdefghijklmnopqrstuvwxyzäöüß ABCDEFGHIJKLMNOPQRSTUVWXYZÄÖÜ 0123456789<>,.!"§$%&()=?+#
T1	pbk	m	it	*abcdefghijklmnopqrstuvwxyzäöüß* *ABCDEFGHIJKLMNOPQRSTUVWXYZÄÖÜ* *0123456789<>,.!"§$%&()=?+#*

T1	pbk	m	sl	*abcdefghijklmnopqrstuvwxyzäöüß* *ABCDEFGHIJKLMNOPQRSTUVWXYZÄÖÜ* *0123456789<>,.!"§$%&()=?+#*
T1	pbk	m	sc	ABCDEFGHIJKLMNOPQRSTUVWXYZÄÖÜSS ABCDEFGHIJKLMNOPQRSTUVWXYZÄÖÜ 0123456789<>,.!"§$%&()=?+#
T1	pbk	b	n	**abcdefghijklmnopqrstuvwxyzäöüß** **ABCDEFGHIJKLMNOPQRSTUVWXYZÄÖÜ** **0123456789<>,.!"§$%&()=?+#**
T1	pbk	b	it	***abcdefghijklmnopqrstuvwxyzäöüß*** ***ABCDEFGHIJKLMNOPQRSTUVWXYZÄÖÜ*** ***0123456789<>,.!"§$%&()=?+#***
T1	pbk	b	sl	***abcdefghijklmnopqrstuvwxyzäöüß*** ***ABCDEFGHIJKLMNOPQRSTUVWXYZÄÖÜ*** ***0123456789<>,.!"§$%&()=?+#***
T1	pbk	b	sc	**ABCDEFGHIJKLMNOPQRSTUVWXYZÄÖÜSS** **ABCDEFGHIJKLMNOPQRSTUVWXYZÄÖÜ** **0123456789<>,.!"§$%&()=?+#**

6.2.4 Charter – bch, \usepackage{*charter*}

encod.	*family*	*series*	*shape*	*Beispiel*
T1	bch	m	n	abcdefghijklmnopqrstuvwxyzäöüß ABCDEFGHIJKLMNOPQRSTUVWXYZÄÖÜ 0123456789<>,.!"§$%&()=?+#
T1	bch	m	it	*abcdefghijklmnopqrstuvwxyzäöüß* *ABCDEFGHIJKLMNOPQRSTUVWXYZÄÖÜ* *0123456789<>,.!"§$%&()=?+#*
T1	bch	m	sl	*abcdefghijklmnopqrstuvwxyzäöüß* *ABCDEFGHIJKLMNOPQRSTUVWXYZÄÖÜ* *0123456789<>,.!"§$%&()=?+#*
T1	bch	m	sc	ABCDEFGHIJKLMNOPQRSTUVWXYZÄÖÜSS ABCDEFGHIJKLMNOPQRSTUVWXYZÄÖÜ 0123456789<>,.!"§$%&()=?+#
T1	bch	b	n	**abcdefghijklmnopqrstuvwxyzäöüß** **ABCDEFGHIJKLMNOPQRSTUVWXYZÄÖÜ** **0123456789<>,.!"§$%&()=?+#**
T1	bch	b	it	***abcdefghijklmnopqrstuvwxyzäöüß*** ***ABCDEFGHIJKLMNOPQRSTUVWXYZÄÖÜ*** ***0123456789<>,.!"§$%&()=?+#***
T1	bch	b	sl	***abcdefghijklmnopqrstuvwxyzäöüß*** ***ABCDEFGHIJKLMNOPQRSTUVWXYZÄÖÜ*** ***0123456789<>,.!"§$%&()=?+#***
T1	bch	b	sc	**ABCDEFGHIJKLMNOPQRSTUVWXYZÄÖÜSS** **ABCDEFGHIJKLMNOPQRSTUVWXYZÄÖÜ** **0123456789<>,.!"§$%&()=?+#**

6.2.5 Concrete – ccr, \usepackage{*beton*}

encod.	*family*	*series*	*shape*	*Beispiel*
T1	ccr	m	n	abcdefghijklmnopqrstuvwxyzäöüß ABCDEFGHIJKLMNOPQRSTUVWXYZÄÖÜ 0123456789<>,.!"§$%&()=?+#
T1	ccr	m	it	*abcdefghijklmnopqrstuvwxyzäöüß* *ABCDEFGHIJKLMNOPQRSTUVWXYZÄÖÜ* *0123456789<>,.!"§$%&()=?+#*
T1	ccr	m	sl	*abcdefghijklmnopqrstuvwxyzäöüß* *ABCDEFGHIJKLMNOPQRSTUVWXYZÄÖÜ* *0123456789<>,.!"§$%&()=?+#*
T1	ccr	m	sc	ABCDEFGHIJKLMNOPQRSTUVWXYZÄÖÜSS ABCDEFGHIJKLMNOPQRSTUVWXYZÄÖÜ 0123456789<>,.!"§$%&()=?+#
OT1	ccr	c	sl	*abcdefghijklmnopqrstuvwxyzäöüß* *ABCDEFGHIJKLMNOPQRSTUVWXYZÄÖÜ* *0123456789¡¿,.!”§$%&()=?+#*

6.2.6 Euler Roman – eur, \usepackage{*euler*}

encod.	*family*	*series*	*shape*	*Beispiel*
U	eur	m	n	abcdefghijklmnopqrstuvwxyzäöüß ABCDEFGHIJKLMNOPQRSTUVWXYZÄÖÜ 0123456789<>ωε§$/ϑ
U	eur	b	n	**abcdefghijklmnopqrstuvwxyzäöüß** **ABCDEFGHIJKLMNOPQRSTUVWXYZÄÖÜ** **0123456789<>ωε§$/ϑ**

6.2.7 New Century Schoolbook – pnc, \usepackage{*newcent*}

encod.	*family*	*series*	*shape*	*Beispiel*
T1	pnc	m	n	abcdefghijklmnopqrstuvwxyzäöüß ABCDEFGHIJKLMNOPQRSTUVWXYZÄÖÜ 0123456789<>,.!"§$%&()=?+#
T1	pnc	m	it	*abcdefghijklmnopqrstuvwxyzäöüß* *ABCDEFGHIJKLMNOPQRSTUVWXYZÄÖÜ* *0123456789<>,.!"§$%&()=?+#*
T1	pnc	m	sl	*abcdefghijklmnopqrstuvwxyzäöüß* *ABCDEFGHIJKLMNOPQRSTUVWXYZÄÖÜ* *0123456789<>,.!"§$%&()=?+#*
T1	pnc	m	sc	ABCDEFGHIJKLMNOPQRSTUVWXYZÄÖÜSS ABCDEFGHIJKLMNOPQRSTUVWXYZÄÖÜ 0123456789<>,.!"§$%&()=?+#

T1	pnc	b	n	**abcdefghijklmnopqrstuvwxyzäöüß ABCDEFGHIJKLMNOPQRSTUVWXYZÄÖÜ 0123456789<>,.!"§$%&()=?+#**
T1	pnc	b	it	***abcdefghijklmnopqrstuvwxyzäöüß ABCDEFGHIJKLMNOPQRSTUVWXYZÄÖÜ 0123456789<>,.!"§$%&()=?+#***
T1	pnc	b	sl	***abcdefghijklmnopqrstuvwxyzäöüß ABCDEFGHIJKLMNOPQRSTUVWXYZÄÖÜ 0123456789<>,.!"§$%&()=?+#***
T1	pnc	b	sc	**ABCDEFGHIJKLMNOPQRSTUVWXYZÄÖÜSS ABCDEFGHIJKLMNOPQRSTUVWXYZÄÖÜ 0123456789<>,.!"§$%&()=?+#**

6.2.8 Palatino – ppl, \usepackage{*mathpazo*}

encod.	*family*	*series*	*shape*	*Beispiel*
T1	ppl	m	n	abcdefghijklmnopqrstuvwxyzäöüß ABCDEFGHIJKLMNOPQRSTUVWXYZÄÖÜ 0123456789<>,.!"§$%&()=?+#
T1	ppl	m	it	*abcdefghijklmnopqrstuvwxyzäöüß ABCDEFGHIJKLMNOPQRSTUVWXYZÄÖÜ 0123456789<>,.!"§$%&()=?+#*
T1	ppl	m	sl	*abcdefghijklmnopqrstuvwxyzäöüß ABCDEFGHIJKLMNOPQRSTUVWXYZÄÖÜ 0123456789<>,.!"§$%&()=?+#*
T1	ppl	m	sc	ABCDEFGHIJKLMNOPQRSTUVWXYZÄÖÜSS ABCDEFGHIJKLMNOPQRSTUVWXYZÄÖÜ 0123456789<>,.!"§$%&()=?+#
T1	ppl	b	n	**abcdefghijklmnopqrstuvwxyzäöüß ABCDEFGHIJKLMNOPQRSTUVWXYZÄÖÜ 0123456789<>,.!"§$%&()=?+#**
T1	ppl	b	it	***abcdefghijklmnopqrstuvwxyzäöüß ABCDEFGHIJKLMNOPQRSTUVWXYZÄÖÜ 0123456789<>,.!"§$%&()=?+#***
T1	ppl	b	sl	***abcdefghijklmnopqrstuvwxyzäöüß ABCDEFGHIJKLMNOPQRSTUVWXYZÄÖÜ 0123456789<>,.!"§$%&()=?+#***
T1	ppl	b	sc	**ABCDEFGHIJKLMNOPQRSTUVWXYZÄÖÜSS ABCDEFGHIJKLMNOPQRSTUVWXYZÄÖÜ 0123456789<>,.!"§$%&()=?+#**

6.2.9 Times Roman – ptm, \usepackage{*mathptmx*}

encod.	family	series	shape	Beispiel
T1	ptm	m	n	abcdefghijklmnopqrstuvwxyzäöüß ABCDEFGHIJKLMNOPQRSTUVWXYZÄÖÜ 0123456789<>,.!"§$%&()=?+#
T1	ptm	m	it	*abcdefghijklmnopqrstuvwxyzäöüß* *ABCDEFGHIJKLMNOPQRSTUVWXYZÄÖÜ* *0123456789<>,.!"§$%&()=?+#*
T1	ptm	m	sl	*abcdefghijklmnopqrstuvwxyzäöüß* *ABCDEFGHIJKLMNOPQRSTUVWXYZÄÖÜ* *0123456789<>,.!"§$%&()=?+#*
T1	ptm	m	sc	ABCDEFGHIJKLMNOPQRSTUVWXYZÄÖÜSS ABCDEFGHIJKLMNOPQRSTUVWXYZÄÖÜ 0123456789<>,.!"§$%&()=?+#
T1	ptm	b	n	**abcdefghijklmnopqrstuvwxyzäöüß** **ABCDEFGHIJKLMNOPQRSTUVWXYZÄÖÜ** **0123456789<>,.!"§$%&()=?+#**
T1	ptm	b	it	***abcdefghijklmnopqrstuvwxyzäöüß*** ***ABCDEFGHIJKLMNOPQRSTUVWXYZÄÖÜ*** ***0123456789<>,.!"§$%&()=?+#***
T1	ptm	b	sl	***abcdefghijklmnopqrstuvwxyzäöüß*** ***ABCDEFGHIJKLMNOPQRSTUVWXYZÄÖÜ*** ***0123456789<>,.!"§$%&()=?+#***
T1	ptm	b	sc	**ABCDEFGHIJKLMNOPQRSTUVWXYZÄÖÜSS** **ABCDEFGHIJKLMNOPQRSTUVWXYZÄÖÜ** **0123456789<>,.!"§$%&()=?+#**

6.2.10 Utopia – put, \usepackage{*utopia*}

encod.	family	series	shape	Beispiel
T1	put	m	n	abcdefghijklmnopqrstuvwxyzäöüß ABCDEFGHIJKLMNOPQRSTUVWXYZÄÖÜ 0123456789<>,.!"§$%&()=?+#
T1	put	m	it	*abcdefghijklmnopqrstuvwxyzäöüß* *ABCDEFGHIJKLMNOPQRSTUVWXYZÄÖÜ* *0123456789<>,.!"§$%&()=?+#*
T1	put	m	sl	*abcdefghijklmnopqrstuvwxyzäöüß* *ABCDEFGHIJKLMNOPQRSTUVWXYZÄÖÜ* *0123456789<>,.!"§$%&()=?+#*
T1	put	m	sc	ABCDEFGHIJKLMNOPQRSTUVWXYZÄÖÜSS ABCDEFGHIJKLMNOPQRSTUVWXYZÄÖÜ 0123456789<>,.!"§$%&()=?+#
T1	put	b	n	**abcdefghijklmnopqrstuvwxyzäöüß** **ABCDEFGHIJKLMNOPQRSTUVWXYZÄÖÜ** **0123456789<>,.!"§$%&()=?+#**

T1	put	b	it	***abcdefghijklmnopqrstuvwxyzäöüß*** ***ABCDEFGHIJKLMNOPQRSTUVWXYZÄÖÜ*** ***0123456789<>,.!"§$%&()=?+#***
T1	put	b	sl	***abcdefghijklmnopqrstuvwxyzäöüß*** ***ABCDEFGHIJKLMNOPQRSTUVWXYZÄÖÜ*** ***0123456789<>,.!"§$%&()=?+#***
T1	put	b	sc	**ABCDEFGHIJKLMNOPQRSTUVWXYZÄÖÜSS** **ABCDEFGHIJKLMNOPQRSTUVWXYZÄÖÜ** **0123456789<>,.!"§$%&()=?+#**

6.2.11 URW Antiqua Condensed – uaq

encod.	*family*	*series*	*shape*	*Beispiel*
T1	uaq	mc	n	abcdefghijklmnopqrstuvwxyzäöüß ABCDEFGHIJKLMNOPQRSTUVWXYZÄÖÜ 0123456789<>,.!"§$%&()=?+#
T1	uaq	mc	sl	abcdefghijklmnopqrstuvwxyzäöüß ABCDEFGHIJKLMNOPQRSTUVWXYZÄÖÜ 0123456789<>,.!"§$%&()=?+#
T1	uaq	mc	sc	ABCDEFGHIJKLMNOPQRSTUVWXYZÄÖÜSS ABCDEFGHIJKLMNOPQRSTUVWXYZÄÖÜ 0123456789<>,.!"§$%&()=?+#

6.3 Schriften ohne Serifen

6.3.1 Avant Garde – pag, \usepackage{*avant*}

encod.	*family*	*series*	*shape*	*Beispiel*
T1	pag	m	n	abcdefghijklmnopqrstuvwxyzäöüß ABCDEFGHIJKLMNOPQRSTUVWXYZÄÖÜ 0123456789<>,.!"§$%&()=?+#
T1	pag	m	sl	*abcdefghijklmnopqrstuvwxyzäöüß* *ABCDEFGHIJKLMNOPQRSTUVWXYZÄÖÜ* *0123456789<>,.!"§$%&()=?+#*
T1	pag	m	sc	ABCDEFGHIJKLMNOPQRSTUVWXYZÄÖÜSS ABCDEFGHIJKLMNOPQRSTUVWXYZÄÖÜ 0123456789<>,.!"§$%&()=?+#
T1	pag	b	n	**abcdefghijklmnopqrstuvwxyzäöüß** **ABCDEFGHIJKLMNOPQRSTUVWXYZÄÖÜ** **0123456789<>,.!"§$%&()=?+#**
T1	pag	b	sl	***abcdefghijklmnopqrstuvwxyzäöüß*** ***ABCDEFGHIJKLMNOPQRSTUVWXYZÄÖÜ*** ***0123456789<>,.!"§$%&()=?+#***
T1	pag	b	sc	**ABCDEFGHIJKLMNOPQRSTUVWXYZÄÖÜSS** **ABCDEFGHIJKLMNOPQRSTUVWXYZÄÖÜ** **0123456789<>,.!"§$%&()=?+#**

6.3.2 Bera Sans – fvs, \usepackage{*berasans*}

Alternativ kann das Paket bera geladen werden; es lädt dann alle drei bera-Fonts und zusätzlich das textcomp-Paket.

encod.	*family*	*series*	*shape*	*Beispiel*
T1	fvs	m	n	abcdefghijklmnopqrstuvwxyzäöüß ABCDEFGHIJKLMNOPQRSTUVWXYZÄÖÜ 0123456789<>,.!"§$%&()=?+#
T1	fvs	m	sl	*abcdefghijklmnopqrstuvwxyzäöüß* *ABCDEFGHIJKLMNOPQRSTUVWXYZÄÖÜ* *0123456789<>,.!"§$%&()=?+#*
T1	fvs	b	n	**abcdefghijklmnopqrstuvwxyzäöüß** **ABCDEFGHIJKLMNOPQRSTUVWXYZÄÖÜ** **0123456789<>,.!"§$%&()=?+#**
T1	fvs	b	sl	***abcdefghijklmnopqrstuvwxyzäöüß*** ***ABCDEFGHIJKLMNOPQRSTUVWXYZÄÖÜ*** ***0123456789<>,.!"§$%&()=?+#***

6.3.3 Computer Modern Bright – cmbr, \usepackage{*cmbright*}

encod.	*family*	*series*	*shape*	*Beispiel*
T1	cmbr	m	n	abcdefghijklmnopqrstuvwxyzäöüß ABCDEFGHIJKLMNOPQRSTUVWXYZÄÖÜ 0123456789<>,.!"§$%&()=?+#
T1	cmbr	m	sl	*abcdefghijklmnopqrstuvwxyzäöüß* *ABCDEFGHIJKLMNOPQRSTUVWXYZÄÖÜ* *0123456789<>,.!"§$%&()=?+#*
T1	cmbr	sb	n	abcdefghijklmnopqrstuvwxyzäöüß ABCDEFGHIJKLMNOPQRSTUVWXYZÄÖÜ 0123456789<>,.!"§$%&()=?+#
T1	cmbr	sb	sl	*abcdefghijklmnopqrstuvwxyzäöüß* *ABCDEFGHIJKLMNOPQRSTUVWXYZÄÖÜ* *0123456789<>,.!"§$%&()=?+#*
T1	cmbr	bx	n	**abcdefghijklmnopqrstuvwxyzäöüß** **ABCDEFGHIJKLMNOPQRSTUVWXYZÄÖÜ** **0123456789<>,.!"§$%&()=?+#**

6.3.4 Computer Modern Sans Serif – cmss

cmss ist die Standardschrift eines jeden TEX-Systems für einen Sans-Serif-Font und auch durch cm-super als T1-Font existiert.

encod.	family	series	shape	Beispiel
OT1	cmss	m	n	abcdefghijklmnopqrstuvwxyzäöüß ABCDEFGHIJKLMNOPQRSTUVWXYZÄÖÜ 0123456789¡¿,.!"§$%&()=?+#
OT1	cmss	m	sl	*abcdefghijklmnopqrstuvwxyzäöüß* *ABCDEFGHIJKLMNOPQRSTUVWXYZÄÖÜ* *0123456789¡¿,.!"§$%&()=?+#*
OT1	cmss	bx	n	**abcdefghijklmnopqrstuvwxyzäöüß** **ABCDEFGHIJKLMNOPQRSTUVWXYZÄÖÜ** **0123456789¡¿,.!"§$%&()=?+#**
OT1	cmss	sbc	n	abcdefghijklmnopqrstuvwxyzäöüß ABCDEFGHIJKLMNOPQRSTUVWXYZÄÖÜ 0123456789¡¿,.!"§$%&()=?+#

6.3.5 Helvetica – phv, \usepackage[*scaled*]{*helvet*}

Soll das gesamte Dokument in Helvetica gesetzt werden, so muss zusätzlich die Standard-Schriftart `\familydefault{\sfdefault}` gesetzt werden.

encod.	family	series	shape	Beispiel
T1	phv	m	n	abcdefghijklmnopqrstuvwxyzäöüß ABCDEFGHIJKLMNOPQRSTUVWXYZÄÖÜ 0123456789<>,.!"§$%&()=?+#
T1	phv	m	sl	*abcdefghijklmnopqrstuvwxyzäöüß* *ABCDEFGHIJKLMNOPQRSTUVWXYZÄÖÜ* *0123456789<>,.!"§$%&()=?+#*
T1	phv	m	sc	ABCDEFGHIJKLMNOPQRSTUVWXYZÄÖÜSS ABCDEFGHIJKLMNOPQRSTUVWXYZÄÖÜ 0123456789<>,.!"§$%&()=?+#
T1	phv	b	n	**abcdefghijklmnopqrstuvwxyzäöüß** **ABCDEFGHIJKLMNOPQRSTUVWXYZÄÖÜ** **0123456789<>,.!"§$%&()=?+#**
T1	phv	b	sl	***abcdefghijklmnopqrstuvwxyzäöüß*** ***ABCDEFGHIJKLMNOPQRSTUVWXYZÄÖÜ*** ***0123456789<>,.!"§$%&()=?+#***
T1	phv	b	sc	**ABCDEFGHIJKLMNOPQRSTUVWXYZÄÖÜSS** **ABCDEFGHIJKLMNOPQRSTUVWXYZÄÖÜ** **0123456789<>,.!"§$%&()=?+#**
T1	phv	bc	n	**abcdefghijklmnopqrstuvwxyzäöüß** **ABCDEFGHIJKLMNOPQRSTUVWXYZÄÖÜ** **0123456789<>,.!"§$%&()=?+#**
T1	phv	bc	sl	***abcdefghijklmnopqrstuvwxyzäöüß*** ***ABCDEFGHIJKLMNOPQRSTUVWXYZÄÖÜ*** ***0123456789<>,.!"§$%&()=?+#***

T1	phv	bc	sc	ABCDEFGHIJKLMNOPQRSTUVWXYZÄÖÜSS ABCDEFGHIJKLMNOPQRSTUVWXYZÄÖÜ 0123456789<>,.!"§$%&()=?+#

6.3.6 URW Grotesk Bold Condensed – ugq

encod.	*family*	*series*	*shape*	*Beispiel*
T1	ugq	b	n	**abcdefghijklmnopqrstuvwxyzäöüß** **ABCDEFGHIJKLMNOPQRSTUVWXYZÄÖÜ** **0123456789<>,.!"§$%&()=?+#**
T1	ugq	b	sl	***abcdefghijklmnopqrstuvwxyzäöüß*** ***ABCDEFGHIJKLMNOPQRSTUVWXYZÄÖÜ*** ***0123456789<>,.!"§$%&()=?+#***

6.4 Schreibmaschinenschriften

Es gibt nur wenige freie Typewriter Fonts, die auch über eine fette Variante verfügen. Die häufig angewendete `Courier` zeichnet sich dabei nicht durch ein schönes Design aus. Die Verwendung einer skalierbaren Schrift wie `lmodern`, `Beramono` oder `Luximono` ist zu empfehlen.

6.4.1 Computer Modern Typewriter – cmtt

encod.	*family*	*series*	*shape*	*Beispiel*
OT1	cmtt	m	n	abcdefghijklmnopqrstuvwxyzäöüß ABCDEFGHIJKLMNOPQRSTUVWXYZÄÖÜ 0123456789<>,.!"§$%&()=?+#
OT1	cmtt	m	it	*abcdefghijklmnopqrstuvwxyzäöüß* *ABCDEFGHIJKLMNOPQRSTUVWXYZÄÖÜ* *0123456789<>,.!"§$%&()=?+#*
OT1	cmtt	m	sl	*abcdefghijklmnopqrstuvwxyzäöüß* *ABCDEFGHIJKLMNOPQRSTUVWXYZÄÖÜ* *0123456789<>,.!"§$%&()=?+#*
OT1	cmtt	m	sc	ABCDEFGHIJKLMNOPQRSTUVWXYZÄÖÜSS ABCDEFGHIJKLMNOPQRSTUVWXYZÄÖÜ 0123456789<>,.!"§$%&()=?+#

6.4.2 Computer Modern Typewriter light – cmtl

encod.	family	series	shape	Beispiel
OT1	cmtl	m	n	abcdefghijklmnopqrstuvwxyzäöüß
				ABCDEFGHIJKLMNOPQRSTUVWXYZÄÖÜ
				0123456789<>,.!"§$%&()=?+#
OT1	cmtl	m	sl	*abcdefghijklmnopqrstuvwxyzäöüß*
				ABCDEFGHIJKLMNOPQRSTUVWXYZÄÖÜ
				0123456789<>,.!"§$%&()=?+#

6.4.3 Computer Modern Typewriter (variable) – cmvtt

encod.	family	series	shape	Beispiel
OT1	cmvtt	m	n	abcdefghijklmnopqrstuvwxyzäöüß
				ABCDEFGHIJKLMNOPQRSTUVWXYZÄÖÜ
				0123456789¡¿,.!"§$%&()=?+#
OT1	cmvtt	m	it	*abcdefghijklmnopqrstuvwxyzäöüß*
				ABCDEFGHIJKLMNOPQRSTUVWXYZÄÖÜ
				0123456789¡¿,.!"§$%&()=?+#

6.4.4 Courier – pcr, \usepackage{*courier*}

encod.	family	series	shape	Beispiel
T1	pcr	m	n	abcdefghijklmnopqrstuvwxyzäöüß
				ABCDEFGHIJKLMNOPQRSTUVWXYZÄÖÜ
				0123456789<>,.!"§$%&()=?+#
T1	pcr	m	sl	*abcdefghijklmnopqrstuvwxyzäöüß*
				ABCDEFGHIJKLMNOPQRSTUVWXYZÄÖÜ
				0123456789<>,.!"§$%&()=?+#
T1	pcr	m	sc	ABCDEFGHIJKLMNOPQRSTUVWXYZÄÖÜSS
				ABCDEFGHIJKLMNOPQRSTUVWXYZÄÖÜ
				0123456789<>,.!"§$%&()=?+#
T1	pcr	b	n	**abcdefghijklmnopqrstuvwxyzäöüß**
				ABCDEFGHIJKLMNOPQRSTUVWXYZÄÖÜ
				0123456789<>,.!"§$%&()=?+#
T1	pcr	b	sl	***abcdefghijklmnopqrstuvwxyzäöüß***
				ABCDEFGHIJKLMNOPQRSTUVWXYZÄÖÜ
				0123456789<>,.!"§$%&()=?+#
T1	pcr	b	sc	**ABCDEFGHIJKLMNOPQRSTUVWXYZÄÖÜSS**
				ABCDEFGHIJKLMNOPQRSTUVWXYZÄÖÜ
				0123456789<>,.!"§$%&()=?+#

6.4.5 Bera Mono – fvm, \usepackage{*beramono*}

Alternativ kann das Paket bera geladen werden; es lädt dann alle drei bera-Fonts und zusätzlich das textcomp-Paket.

encod.	family	series	shape	*Beispiel*
T1	fvm	m	n	abcdefghijklmnopqrstuvwxyzäöüß ABCDEFGHIJKLMNOPQRSTUVWXYZÄÖÜ 0123456789<>,.!"§$%&()=?+#
T1	fvm	m	sl	*abcdefghijklmnopqrstuvwxyzäöüß* *ABCDEFGHIJKLMNOPQRSTUVWXYZÄÖÜ* *0123456789<>,.!"§$%&()=?+#*
T1	fvm	b	n	**abcdefghijklmnopqrstuvwxyzäöüß** **ABCDEFGHIJKLMNOPQRSTUVWXYZÄÖÜ** **0123456789<>,.!"§$%&()=?+#**
T1	fvm	b	sl	***abcdefghijklmnopqrstuvwxyzäöüß*** ***ABCDEFGHIJKLMNOPQRSTUVWXYZÄÖÜ*** ***0123456789<>,.!"§$%&()=?+#***

6.4.6 Latin Modern Typewriter – lmtt, \usepackage{*lmodern*}

encod.	family	series	shape	*Beispiel*
T1	lmtt	m	n	\`´ˆ˜¨˝˚ˇ˘¯˙¸˛‚‹›“”„«»–—‰ıȷ ␣!"#$%&'()*+,-./0123456789:;<=>? @ABCDEFGHIJKLMNOPQRSTUVWXYZ[\]^_ 'abcdefghijklmnopqrstuvwxyz{|}~-
T1	lmtt	m	it	*\`´ˆ˜¨˝˚ˇ˘¯˙¸˛‚‹›“”„«»–—‰ıȷ* *␣!"#$%&'()*+,-./0123456789:;<=>?* *@ABCDEFGHIJKLMNOPQRSTUVWXYZ[\]^_* *'abcdefghijklmnopqrstuvwxyz{|}~-*
T1	lmtt	m	sc	\`´ˆ˜¨˝˚ˇ˘¯˙¸˛‚‹›“”„«»–—‰IJ ␣!"#$%&'()*+,-./0123456789:;<=>? @ABCDEFGHIJKLMNOPQRSTUVWXYZ[\]^_ 'ABCDEFGHIJKLMNOPQRSTUVWXYZ{|}~-
T1	lmtt	m	scsl	*\`´ˆ˜¨˝˚ˇ˘¯˙¸˛‚‹›“”„«»–—‰IJ* *␣!"#$%&'()*+,-./0123456789:;<=>?* *@ABCDEFGHIJKLMNOPQRSTUVWXYZ[\]^_* *'ABCDEFGHIJKLMNOPQRSTUVWXYZ{|}~-*
T1	lmtt	l	n	\`´ˆ˜¨˝˚ˇ˘¯˙¸˛‚‹›“”„«»–—‰ıȷ ␣!"#$%&'()*+,-./0123456789:;<=>? @ABCDEFGHIJKLMNOPQRSTUVWXYZ[\]^_ 'abcdefghijklmnopqrstuvwxyz{|}~-
T1	lmtt	l	it	*\`´ˆ˜¨˝˚ˇ˘¯˙¸˛‚‹›“”„«»–—‰ıȷ* *␣!"#$%&'()*+,-./0123456789:;<=>?* *@ABCDEFGHIJKLMNOPQRSTUVWXYZ[\]^_*

<table>
<tr><td></td><td></td><td></td><td></td><td>‘abcdefghijklmnopqrstuvwxyz{|}~-</td></tr>
<tr><td>T1</td><td>lmtt</td><td>lc</td><td>n</td><td>`´ˆ˜¨˝˚ˇ˘¯˙¸˛‚‹›"",,«»--‌ıȷ
␣!"#$%&’()*+,-./0123456789:;<=>?
@ABCDEFGHIJKLMNOPQRSTUVWXYZ[\]^_
‘abcdefghijklmnopqrstuvwxyz{|}~-</td></tr>
<tr><td>T1</td><td>lmtt</td><td>lc</td><td>it</td><td>`´ˆ˜¨˝˚ˇ˘¯˙¸˛‚‹›"",,«»--‌ıȷ
␣!"#$%&’()*+,-./0123456789:;<=>?
@ABCDEFGHIJKLMNOPQRSTUVWXYZ[\]^_
‘abcdefghijklmnopqrstuvwxyz{|}~-</td></tr>
<tr><td>T1</td><td>lmtt</td><td>b</td><td>n</td><td>`´ˆ˜¨˝˚ˇ˘¯˙¸˛‚‹›"",,«»--‌ıȷ
␣!"#$%&’()*+,-./0123456789:;<=>?
@ABCDEFGHIJKLMNOPQRSTUVWXYZ[\]^_
‘abcdefghijklmnopqrstuvwxyz{|}~-</td></tr>
<tr><td>T1</td><td>lmtt</td><td>b</td><td>it</td><td>`´ˆ˜¨˝˚ˇ˘¯˙¸˛‚‹›"",,«»--‌ıȷ
␣!"#$%&’()*+,-./0123456789:;<=>?
@ABCDEFGHIJKLMNOPQRSTUVWXYZ[\]^_
‘abcdefghijklmnopqrstuvwxyz{|}~-</td></tr>
</table>

6.4.7 Latin Modern Typewriter (variable) – lmvtt

<table>
<tr><th>encod.</th><th>family</th><th>series</th><th>shape</th><th>Beispiel</th></tr>
<tr><td>T1</td><td>lmvtt</td><td>m</td><td>n</td><td>`´ˆ˜¨˝˚ˇ˘¯˙¸˛‚‹›“”„«»–—‌ıȷﬀﬁﬂﬃﬄ
␣!"#$%&’()*+,-./0123456789:;<=>?
@ABCDEFGHIJKLMNOPQRSTUVWXYZ[\]^_
‘abcdefghijklmnopqrstuvwxyz{|}~-</td></tr>
<tr><td>T1</td><td>lmvtt</td><td>m</td><td>it</td><td>`´ˆ˜¨˝˚ˇ˘¯˙¸˛‚‹›“”„«»–—‌ıȷﬀﬁﬂﬃﬄ
␣!"#$%&’()*+,-./0123456789:;<=>?
@ABCDEFGHIJKLMNOPQRSTUVWXYZ[\]^_
‘abcdefghijklmnopqrstuvwxyz{|}~-</td></tr>
<tr><td>T1</td><td>lmvtt</td><td>l</td><td>n</td><td>`´ˆ˜¨˝˚ˇ˘¯˙¸˛‚‹›“”„«»–—‌ıȷﬀﬁﬂﬃﬄ
␣!"#$%&’()*+,-./0123456789:;<=>?
@ABCDEFGHIJKLMNOPQRSTUVWXYZ[\]^_
‘abcdefghijklmnopqrstuvwxyz{|}~-</td></tr>
<tr><td>T1</td><td>lmvtt</td><td>l</td><td>it</td><td>`´ˆ˜¨˝˚ˇ˘¯˙¸˛‚‹›“”„«»–—‌ıȷﬀﬁﬂﬃﬄ
␣!"#$%&’()*+,-./0123456789:;<=>?
@ABCDEFGHIJKLMNOPQRSTUVWXYZ[\]^_
‘abcdefghijklmnopqrstuvwxyz{|}~-</td></tr>
<tr><td>T1</td><td>lmvtt</td><td>b</td><td>n</td><td>`´ˆ˜¨˝˚ˇ˘¯˙¸˛‚‹›“”„«»–—‌ıȷﬀﬁﬂﬃﬄ
␣!"#$%&’()*+,-./0123456789:;<=>?
@ABCDEFGHIJKLMNOPQRSTUVWXYZ[\]^_
‘abcdefghijklmnopqrstuvwxyz{|}~-</td></tr>
<tr><td>T1</td><td>lmvtt</td><td>b</td><td>it</td><td>`´ˆ˜¨˝˚ˇ˘¯˙¸˛‚‹›“”„«»–—‌ıȷﬀﬁﬂﬃﬄ
␣!"#$%&’()*+,-./0123456789:;<=>?
@ABCDEFGHIJKLMNOPQRSTUVWXYZ[\]^_
‘abcdefghijklmnopqrstuvwxyz{|}~-</td></tr>
</table>

6.4.8 Luxi Mono – ul9, \usepackage[*scaled*]{*luximono*}

Dem optionalen Parameter scaled kann ein prozentualer Dezimalwert zugewiesen werden, um die Schrift etwas kleiner zu skalieren, da Typewriter-Schriften in der Regel größer wirken. Ohne Angabe eines Wertes für scaled wird die Vorgabe 0.87 genommen.

encod.	family	series	shape	*Beispiel*
T1	ul9	m	n	abcdefghijklmnopqrstuvwxyzäöüß ABCDEFGHIJKLMNOPQRSTUVWXYZÄÖÜ 0123456789<>,.!"§$%&()=?+#
T1	ul9	m	sl	*abcdefghijklmnopqrstuvwxyzäöüß* *ABCDEFGHIJKLMNOPQRSTUVWXYZÄÖÜ* *0123456789<>,.!"§$%&()=?+#*
T1	ul9	b	n	**abcdefghijklmnopqrstuvwxyzäöüß** **ABCDEFGHIJKLMNOPQRSTUVWXYZÄÖÜ** **0123456789<>,.!"§$%&()=?+#**
T1	ul9	b	sl	***abcdefghijklmnopqrstuvwxyzäöüß*** ***ABCDEFGHIJKLMNOPQRSTUVWXYZÄÖÜ*** ***0123456789<>,.!"§$%&()=?+#***

6.5 Spezielle Schriften

6.5.1 Euler Skript und Fraktur – eus – euf, \usepackage{*euler*}

encod.	family	series	shape	*Beispiel*
U	eus	m	n	{}|\§¨¨ß ABCDEFGHIJKLMNOPQRSTUVWXYZÄÖÜ ℜ§$ℑ
U	euf	m	n	abcdefghijklmnopqrstuvwxyzäöüß ABCDEFGHIJKLMNOPQRSTUVWXYZÄÖÜ 0123456789,.!§$&()=?+

6.5.2 Euro Symbol – eurosym, \usepackage{*eurosym*}

Für das Beispiel wurde jeweils die Zeichenkette e ABC, sowie \symbol{*0*} angewendet. Im Allgemeinen wird man im Dokument mit \euro auf das Eurozeichen zugreifen wollen. Die durch ABC definierten Striche können für eigene Definitionen eines Eurozeichens verwendet werden. Das Symbol € erhält man mit \symbol{0}.

encod.	family	series	shape	*Beispiel*	encod.	family	series	shape	*Beispiel*
U	eurosym	m	n	€ === €	U	eurosym	m	sl	€ === €
U	eurosym	m	ol	€ === €	U	eurosym	bx	n	**€ === €**
U	eurosym	bx	sl	**€ === €**	U	eurosym	bx	ol	€ === €

6.5.3 Zapf Chancery – pzc, \usepackage{*chancery*}

encod.	*family*	*series*	*shape*	*Beispiel*
T1	pzc	m	it	*abcdefghijklmnopqrstuvwxyzäöüß* *ABCDEFGHIJKLMNOPQRSTUVWXYZÄÖÜ* *0123456789<>,.!"§$%&()=?+#*

6.5.4 Zapf Dingbats – pzd, \usepackage{*pifont*}

encod.	*family*	*series*	*shape*	*Beispiel*
U	pzd	m	n	❀❂❃❄❅❆❇❈❉❊❋●❍■❏❐❑❒▲▼◆❖◗❘❙❚❀̈❏̈◆̈ß ✡✢✣✤✥✦✧★✩✪✫✬✭✮✯✰✱✲✳✴✵✶✷✸✹✺✡̈✭̈✳̈ ✏✐✑✓✔✕✖✗✘✙✚✛✌✎✁✂§$☎✆✈✉✝✞☞✄

6.6 Mathematikfonts

Grundsätzlich gibt es nur einen frei verfügbaren kompletten Font, der sowohl über Text- als auch Mathematikzeichen verfügt. Dies ist der standardmäßige TEX-Font Computer Modern Roman, beziehungsweise lmodern als analoger T1-Font. Alle anderen kompletten Fonts sind entweder nicht frei verfügbar oder beziehen die mathematischen Zeichen teilweise aus anderen Zeichensätzen. [27]

6.6.1 Computer Modern – cm, ms

Die Standardschrift für den Mathematiksatz, die in jedem TEX-System vorhanden ist.

encod.	*family*	*series*	*shape*	*Beispiel*
OT1	cmr	m	n	ΓΔΘΛΞΠΣΥΦΨΩﬀﬁﬂﬃﬄıȷ`´ˇ˘¯˚¸ßæœøÆŒØ -!"#$%&'()*+,-./0123456789:;¡=¿? @ABCDEFGHIJKLMNOPQRSTUVWXYZ[“]ˆ˙ ‘abcdefghijklmnopqrstuvwxyz–—˝˜¨
OT1	cmr	m	it	*ΓΔΘΛΞΠΣΥΦΨΩﬀﬁﬂﬃﬄıȷ`´ˇ˘¯˚¸ßæœøÆŒØ* *-!"#£%&'()*+,-./0123456789:;¡=¿?* *@ABCDEFGHIJKLMNOPQRSTUVWXYZ[“]ˆ˙* *‘abcdefghijklmnopqrstuvwxyz–—˝˜¨*
OT1	cmr	bx	n	**ΓΔΘΛΞΠΣΥΦΨΩﬀﬁﬂﬃﬄıȷ`´ˇ˘¯˚¸ßæœøÆŒØ** **-!"#$%&'()*+,-./0123456789:;¡=¿?** **@ABCDEFGHIJKLMNOPQRSTUVWXYZ[“]ˆ˙** **‘abcdefghijklmnopqrstuvwxyz–—˝˜¨**
OML	cmm	m	it	*ΓΔΘΛΞΠΣΥΦΨΩαβγδεζηθικλμνξπρστυφχ* *ψωεϑϖϱςφ↼↽⇀⇁‘’▹◃0123456789.,</>⋆* *∂ABCDEFGHIJKLMNOPQRSTUVWXYZ♭♮♯⌣⌢*

				ℓabcdefghijklmnopqrstuvwxyzıȷ℘⃗⌢
OMS	cmsy	m	n	−·×∗÷⋄±∓⊕⊖⊗⊘⊙◯∘•≍≡⊆⊇≤≥⪯⪰∼≈⊂⊃≪≫≺≻ ←→↑↓↔↗↘≃⇐⇒⇑⇓⇔↖↙∝′∞∈∋△▽⧸∀∃¬∅ℜℑ⊤⊥ ℵ𝒜ℬ𝒞𝒟ℰℱ𝒢ℋℐ𝒥𝒦ℒℳ𝒩𝒪𝒫𝒬ℛ𝒮𝒯𝒰𝒱𝒲𝒳𝒴𝒵∪∩⊎∧∨ ⊢⊣⌊⌋⌈⌉{}⟨⟩∥↕⇕∖≀√∐∇∫⊔⊓⊑⊒§†‡¶♣♢♡♠
OT1	cmss	m	n	ΓΔΘΛΞΠΣΥΦΨΩﬀﬁﬂﬃﬄıȷ`´ˇ˘¯˚¸ßæœøÆŒØ -!"#$%&'()*+,-./0123456789:;¡=¿? @ABCDEFGHIJKLMNOPQRSTUVWXYZ["]ˆ˙ 'abcdefghijklmnopqrstuvwxyz–—˝˜¨
OT1	cmtt	m	n	`ΓΔΘΛΞΠΣΥΦΨΩ↑↓'¡¿ıȷ`´ˇ˘¯˚¸ßæœøÆŒØ` `␣!"#$%&'()*+,-./0123456789:;<=>?` `@ABCDEFGHIJKLMNOPQRSTUVWXYZ[\]^_` `'abcdefghijklmnopqrstuvwxyz{|}~¨`
OMX	cmex	m	n	()[]⌊⌋⌈⌉{}⟨⟩|‖/\ ()()[]⌊⌋⌈⌉{}⟨⟩/\()[]⌊⌋⌈⌉ {}⟨⟩/\/\ ... ∮⊙⊕⊗∑∏∫⋃⋂⨄⋀⋁∑∏∫⋃⋂⨄⋀⋁ ∐∐ ˆ˜ [] ⌊⌋⌈⌉{}√√√√ ↑↓ ⇑⇓
U	msa	m	n	⊡⊞⊠□■▪◊♦↻↺⇌⇋⊟⊩⊪⊫↠↞⇇⇉⇈⇊↾↿↱↰⇆⇄↶↷ ⇝↭↫↬≗≿≳⪆⊸∴∵∹≜≾≲⪅⋖⋗≶⋛≷≓≒⪖⪕⪋⪌ ⊏⊐⊳⊲⊵⊴★≬▼▶◀→←▲▲▽≏⋚⋛⋚⋛¥⇛⇚✓⊻⊼⩞∠∡∢∝ ⌣⌢⋐⋑⋒⋓⅄⋎⋏⋋⋌⫅⫆≎≏⋘⋙⌜⌝®Ⓢ⋔∔∽⋍⌞⌟✠ℂ𝕋⊚⊛⊝
U	msb	m	n	⪇⪈≰≱≮≯⊀⊁⪉⪊⪇⪈⋦⋧⋨⋩⪵⪶⪹⪺⊊⊋≨≩⊈⊉⊊⊋⫋⫌⊈⊉∤∦⊬⊮⊭⊯⋪⋫⋬⋭↚↛⇍⇏⇎↮⋇∅ ∄𝔸𝔹ℂ𝔻𝔼𝔽𝔾ℍ𝕀𝕁𝕂𝕃𝕄ℕ𝕆ℙℚℝ𝕊𝕋𝕌𝕍𝕎𝕏𝕐ℤ ⅁Ⅎ℧ð≂ℶℷℸ⋖⋗⋉⋊∣∖∼≈≊⪸⪷↶↷ϝϰ𝕜ℏℏ϶

6.6.2 Computer Modern Bright– cmbr, \usepackage{*cmbright*}

encod.	*family*	*series*	*shape*	*Beispiel*
OML	cmbrm	m	it	*ΓΔΘΛΞΠΣΥΦΨΩαβγδϵζηθικλμνξπρστυϕχ ψωεϑϖϱςφ↼↽⇀⇁ʿʾ▹◃0123456789.,</>⋆ ∂ABCDEFGHIJKLMNOPQRSTUVWXYZ♭♮♯⌣⌢ ℓabcdefghijklmnopqrstuvwxyzıȷ℘⃗⌢*
OML	cmbrm	b	it	***ΓΔΘΛΞΠΣΥΦΨΩαβγδϵζηθικλμνξπρστυϕχ ψωεϑϖϱςφ↼↽⇀⇁ʿʾ▹◃0123456789.,</>⋆***

				∂ABCDEFGHIJKLMNOPQRSTUVWXYZ♭♮♯⌣⌢ ℓabcdefghijklmnopqrstuvwxyzıȷ℘⃗⁀
OMS	cmbrs	m	n	−·×∗÷⋄±∓⊕⊖⊗⊘⊙◯∘•≍≡⊆⊇≤≥⪯⪰∼≈⊂⊃≪≫≺≻ ←→↑↓↔↗↘≃⇐⇒⇑⇓⇔↖↙∝′∞∈∋△▽∀∃¬∅ℜℑ⊤⊥ ℵABCDEFGHIJKLMNOPQRSTUVWXYZ∪∩⊎∧∨ ⊢⊣⌊⌋⌈⌉{}⟨⟩∣‖↕⇕\≀√⨿∇∫⊔⊓⊑⊒§†‡¶♣♢♡♠

6.6.3 Concrete Math – cc, \usepackage{*concmath*}

encod.	*family*	*series*	*shape*	*Beispiel*
OML	ccm	m	it	*ΓΔΘΛΞΠΣΥΦΨΩαβγδϵζηθικλμνξπρστυϕχ* *ψωεϑϖϱςφ*↼↽⇀⇁ᶜᵓ▹◃0123456789.,</>⋆ *∂ABCDEFGHIJKLMNOPQRSTUVWXYZ*♭♮♯⌣⌢ *ℓabcdefghijklmnopqrstuvwxyzıȷ℘*⃗⁀
OMS	ccsy	m	n	−·×∗÷⋄±∓⊕⊖⊗⊘⊙◯∘•≍≡⊆⊇≤≥⪯⪰∼≈⊂⊃≪≫≺≻ ←→↑↓↔↗↘≃⇐⇒⇑⇓⇔↖↙∝′∞∈∋△▽∀∃¬∅ℜℑ⊤⊥ ℵABCDEFGHIJKLMNOPQRSTUVWXYZ∪∩⊎∧∨ ⊢⊣⌊⌋⌈⌉{}⟨⟩∣‖↕⇕\≀√⨿∇∫⊔⊓⊑⊒§†‡¶♣♢♡♠

6.6.4 Euler Math – eu, \usepackage{*euler*}

encod.	*family*	*series*	*shape*	*Beispiel*
U	euex	m	n	{}{}{}{} ↼↽⇀⇁←→↑↓↔↗↘⇐⇒⇑⇓⇔↖↙∞ ⌢ ⌣ ⎰ ⎱ ' ∮∫∑∏∫∑∏∫⨆∐ ↕⇕ ⌢⌣

6.6.5 Fourier-Gutenberg Fonts – fut, \usepackage{*fourier*}

encod.	*family*	*series*	*shape*	*Beispiel*
FML	futm	m	it	ΓΔΘΛΞΠΣΥΦΨΩαβγδϵζηθικλμνξπρστυϕχ ψωεϑϖϱςφ↼↽⇀⇁ᶜᵓ▹◃0123456789.,</>⋆ ∂ABCDEFGHIJKLMNOPQRSTUVWXYZ♭♮♯⌣⌢ *ℓabcdefghijklmnopqrstuvwxyzıȷ℘*⃗⁀
FML	futmi	m	it	*ΓΔΘΛΞΠΣΥΦΨΩαβγδϵζηθικλμνξπρστυϕχ* *ψωεϑϖϱςφ*↼↽⇀⇁ᶜᵓ▹◃0123456789.,</>⋆ *∂ABCDEFGHIJKLMNOPQRSTUVWXYZ*♭♮♯⌣⌢ *ℓabcdefghijklmnopqrstuvwxyzıȷ℘*⃗⁀
FMS	futm	m	n	−·×∗÷⋄±∓⊕⊖⊗⊘⊙◯∘•≍≡⊆⊇≤≥⪯⪰∼≈⊂⊃≪≫≺≻

←→↑↓↔↗↘≃⇐⇒⇑⇓⇔↖↙∝′∞∈∋△▽∀∃¬∅ℜℑ⊤⊥
ℵ𝒜ℬ𝒞𝒟ℰℱ𝒢ℋℐ𝒥𝒦ℒℳ𝒩𝒪𝒫𝒬ℛ𝒮𝒯𝒰𝒱𝒲𝒳𝒴𝒵∪∩⊎∧∨
⊢⊣⌊⌋⌈⌉{}⟨⟩|‖↕⇕\≀√⨿∇∫⊔⊓⊑⊒§†‡¶♣♢♡♠

6.6.6 Latin Modern – lm, \usepackage{*lmodern*}

encod.	*family*	*series*	*shape*	*Beispiel*
OML	lmm	m	it	*ΓΔΘΛΞΠΣΥΦΨΩαβγδεζηθικλμνξπρστυϕχ* *ψωεϑϖϱςφ↼↽⇀⇁⊂⊃▷◁0123456789.,</>⋆* *∂ABCDEFGHIJKLMNOPQRSTUVWXYZ♭♮♯⌣⌢* *ℓabcdefghijklmnopqrstuvwxyzıȷ℘⃗⁀*
OT1	lmr	m	n	ΓΔΘΛΞΠΣΥΦΨΩﬀﬁﬂﬃﬄıȷ`´ˇ˘¯˚¸ßæœøÆŒØ !”#$%&’()*+,-./0123456789:;¡=¿? @ABCDEFGHIJKLMNOPQRSTUVWXYZ[“]ˆ˙ ‘abcdefghijklmnopqrstuvwxyz–—˝˜¨
OMS	lmsy	m	n	−·×∗÷⋄±∓⊕⊖⊗⊘⊙◯∘•≍≡⊆⊇≤≥⪯⪰∼≈⊂⊃≪≫≺≻ ←→↑↓↔↗↘≃⇐⇒⇑⇓⇔↖↙∝′∞∈∋△▽∀∃¬∅ℜℑ⊤⊥ ℵ𝒜ℬ𝒞𝒟ℰℱ𝒢ℋℐ𝒥𝒦ℒℳ𝒩𝒪𝒫𝒬ℛ𝒮𝒯𝒰𝒱𝒲𝒳𝒴𝒵∪∩⊎∧∨ ⊢⊣⌊⌋⌈⌉{}⟨⟩|‖↕⇕\≀√⨿∇∫⊔⊓⊑⊒§†‡¶♣♢♡♠
OT1	lmr	bx	n	**ΓΔΘΛΞΠΣΥΦΨΩﬀﬁﬂﬃﬄıȷ`´ˇ˘¯˚¸ßæœøÆŒØ** **!”#$%&’()*+,-./0123456789:;¡=¿?** **@ABCDEFGHIJKLMNOPQRSTUVWXYZ[“]ˆ˙** **‘abcdefghijklmnopqrstuvwxyz–—˝˜¨**
OT1	lmss	m	n	ΓΔΘΛΞΠΣΥΦΨΩﬀﬁﬂﬃﬄıȷ`´ˇ˘¯˚¸ßæœøÆŒØ !”#$%&’()*+,-./0123456789:;¡=¿? @ABCDEFGHIJKLMNOPQRSTUVWXYZ[“]ˆ˙ ‘abcdefghijklmnopqrstuvwxyz–—˝˜¨
OT1	lmr	m	it	*ΓΔΘΛΞΠΣΥΦΨΩﬀﬁﬂﬃﬄıȷ`´ˇ˘¯˚¸ßæœøÆŒØ* *!”#$%&’()*+,-./0123456789:;¡=¿?* *@ABCDEFGHIJKLMNOPQRSTUVWXYZ[“]ˆ˙* *‘abcdefghijklmnopqrstuvwxyz–—˝˜¨*
OT1	lmtt	m	n	`ΓΔΘΛΞΠΣΥΦΨΩıȷ`´ˇ˘¯˚¸ßæœøÆŒØ` `!"#$%&'()*+,-./0123456789:;¡=¿?` `@ABCDEFGHIJKLMNOPQRSTUVWXYZ["]ˆ˙` `‘abcdefghijklmnopqrstuvwxyz--˝˜¨`
OMX	lmex	m	n	()[]⌊⌋⌈⌉{}⟨⟩|‖/\\()()[]⌊⌋⌈⌉{}⟨⟩/\\()[]⌊⌋⌈⌉ {}⟨⟩/\\/\\⌈⌉⌊⌋⎪⎪⎧⎫⎩⎭⎨⎬⎪⎪⟨⟩⊔⊔∮∮ ⊙⊙⊕⊕⊗⊗∑∏∫⋃⋂⨄⋀⋁∑∏∫⋃⋂⨄⋀⋁

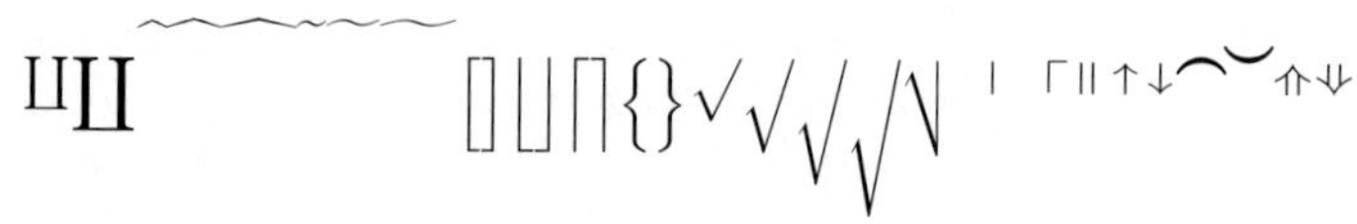

6.6.7 Mathdesign – md

Das mathdesign-Projekt vereinigt mehrere Fontdefinitionen, die in Abhängigkeit des optionalen Arguments ausgewählt werden.

```
\usepackage[bitstream-charter]{mathdesign}
```

encod.	family	series	shape	Beispiel
OT1	mdbch	m	n	ΓΔΘΛΞΠΣΥΦΨΩfffiflffiffl ı ȷ ` ´ ˇ ˘ ¯ ˚ ¸ ßæœøÆŒØ !”#$%&’()*+,-./0123456789:;¡=¿? @ABCDEFGHIJKLMNOPQRSTUVWXYZ[“]ˆ˙ ‘abcdefghijklmnopqrstuvwxyz–—˝˜¨
OML	mdbch	m	it	*ΓΔΘΛΞΠΣΥΦΨΩαβγδεζηθικλμνξπρστυφχ ψωεϑϖϱςφ↼↽⇀⇁ ◃▹0123456789.,</>⋆ ∂ABCDEFGHIJKLMNOPQRSTUVWXYZ♭♮♯⌣⌢ ℓabcdefghijklmnopqrstuvwxyzıȷ℘⃗⁀*
OMS	mdbch	m	n	−·×∗÷⋄±∓⊕⊖⊗⊘⊙◯∘•≍≡⊆⊇≤≥⪯⪰∼≈⊂⊃≪≫≺≻ ←→↑↓↔↗↘≃⇐⇒⇑⇓⇔↖↙∝′∞∈∋△▽∀∃¬∅ℜℑ⊤⊥ ℵ𝒜ℬ𝒞𝒟ℰℱ𝒢ℋℐ𝒥𝒦ℒℳ𝒩𝒪𝒫𝒬ℛ𝒮𝒯𝒰𝒱𝒲𝒳𝒴𝒵∪∩⊎∧∨ ⊢⊣⌊⌋⌈⌉{}⟨⟩∣∥↕⇕∖≀√⨿∇∫⊔⊓⊑⊒§†‡¶♣♢♡♠
OMX	mdbch	m	n	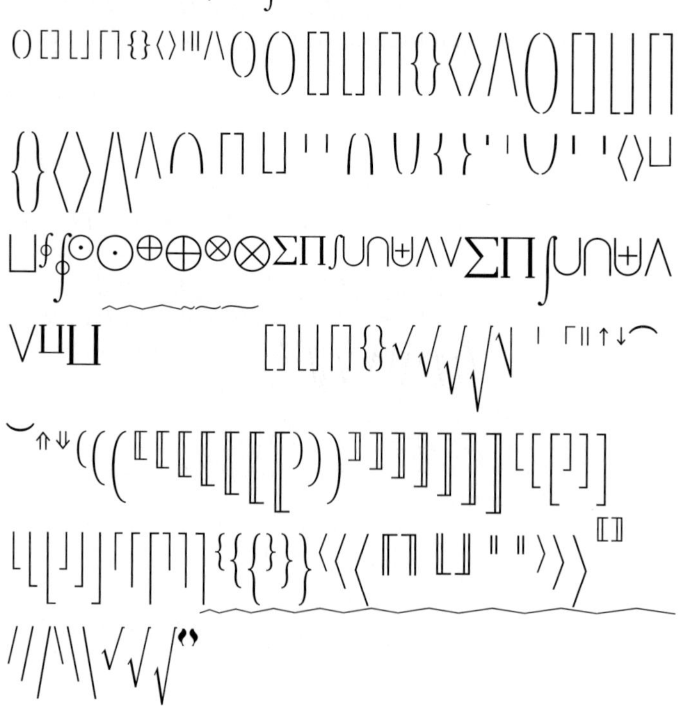

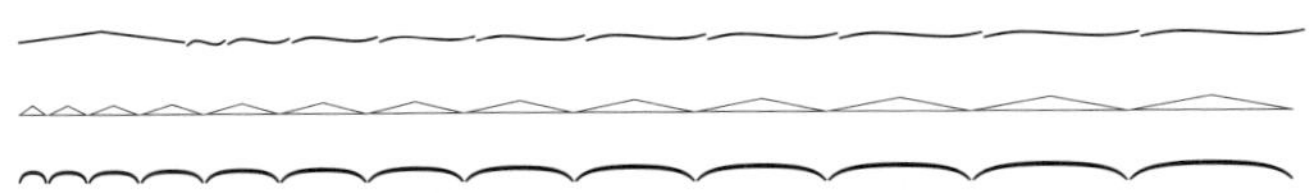

OT1	mdbch	b	n	**ΓΔΘΛΞΠΣΥΦΨΩﬀﬁﬂﬃﬄı ` ´ ˇ ˘ ¯ ˚ ¸ßæœøÆŒØ ⌂!”#$%&’()*+,-./0123456789:;¡=¿? @ABCDEFGHIJKLMNOPQRSTUVWXYZ[“]ˆ˙ ‘abcdefghijklmnopqrstuvwxyz–—˝˜¨**
OML	mdbch	b	it	***ΓΔΘΛΞΠΣΥΦΨΩαβγδϵζηθικλμνξπρστυϕχ ψωεϑϖϱςφ↼↽⇀⇁⊂⊃▹◃0123456789.,</>⋆ ∂ABCDEFGHIJKLMNOPQRSTUVWXYZ♭♮♯⌣⌢ ℓabcdefghijklmnopqrstuvwxyzıȷ℘⃗⁀***
OMS	mdbch	b	n	−·×∗÷⋄±∓⊕⊖⊗⊘⊙◯∘•≍≡⊆⊇≤≥⪯⪰∼≈⊂⊃≪≫≺≻ ←→↑↓↔↗↘≃⇐⇒⇑⇓⇔↖↙∝′∞∈∋△▽̸∀∃¬∅ℜℑ⊤⊥ ℵ𝒜ℬ𝒞𝒟ℰℱ𝒢ℋℐ𝒥𝒦ℒℳ𝒩𝒪𝒫𝒬ℛ𝒮𝒯𝒰𝒱𝒲𝒳𝒴𝒵∪∩⊎∧∨ ⊢⊣⌊⌋⌈⌉{}⟨⟩∣∥↕⇕∖≀√⨿∇∫⊔⊓⊑⊒§†‡¶♣♢♡♠
OMX	mdbch	b	n	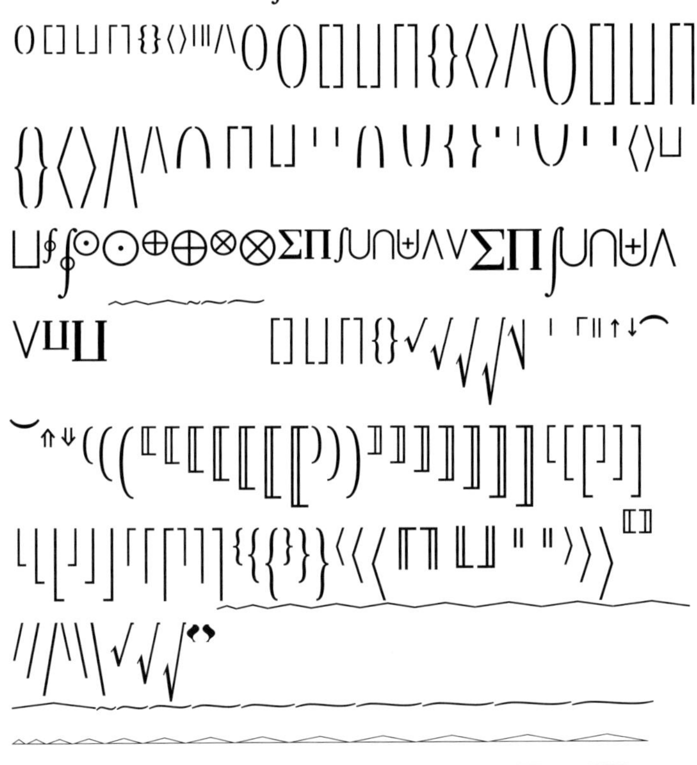

\usepackage[urw-garamond]{mathdesign}

encod.	*family*	*series*	*shape*	*Beispiel*
OT1	mdugm	m	n	ΓΔΘΛΞΠΣΥΦΨΩﬀﬁﬂﬃﬄı ` ´ ˇ ˘ ¯ ˚ ¸ßæœøÆŒØ

				␣!"#$%&'()*+,-./0123456789:;¡=¿? @ABCDEFGHIJKLMNOPQRSTUVWXYZ[“]ˆ˙ ‘abcdefghijklmnopqrstuvwxyz–—˝˜¨
OML	mdugm	m	it	*ΓΔΘΛΞΠΣΥΦΨΩαβγδϵζηθικλμνξπρστυφχ* *ψωεϑϖϱςφ↼↽⇀⇁⊂⊃▹◃0123456789.,</>⋆* *∂ABCDEFGHIJKLMNOPQRSTUVWXYZ♭♮♯⌣⌢* *ℓabcdefghijklmnopqrstuvwxyzıȷ℘⃗⁀*
OMS	mdugm	m	n	−·×∗÷⋄±∓⊕⊖⊗⊘⊙◯∘•≍≡⊆⊇≤≥⪯⪰∼≈⊂⊃≪≫≺≻ ←→↑↓↔↗↘≃⇐⇒⇑⇓⇔↖↙∝′∞∈∋△▽̸∀∃¬∅ℜℑ⊤⊥ ℵ𝒜ℬ𝒞𝒟ℰℱ𝒢ℋℐ𝒥𝒦ℒℳ𝒩𝒪𝒫𝒬ℛ𝒮𝒯𝒰𝒱𝒲𝒳𝒴𝒵∪∩⊎∧∨ ⊢⊣⌊⌋⌈⌉{}⟨⟩|‖↕⇕\≀√⨿∇∫⊔⊓⊑⊒§†‡¶♣♢♡♠
OMX	mdugm	m	n	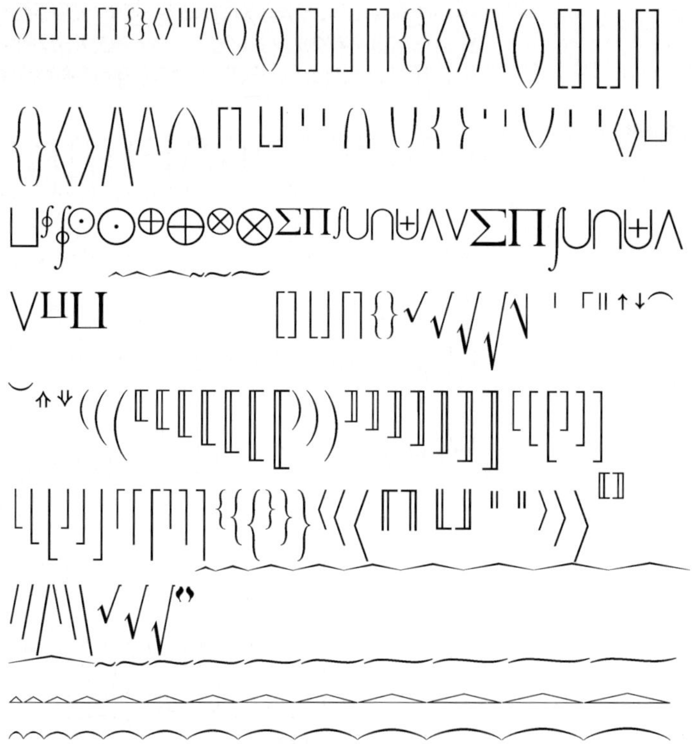
OT1	mdugm	b	n	**ΓΔΘΛΞΠΣΥΦΨΩﬀﬁﬂﬃﬄı ˋˊˇ˘ˉ˚¸ßæœøÆŒØ** **␣!"#$%&'()*+,-./0123456789:;¡=¿?** **@ABCDEFGHIJKLMNOPQRSTUVWXYZ[“]ˆ˙** **‘abcdefghijklmnopqrstuvwxyz–—˝˜¨**
OML	mdugm	b	it	***ΓΔΘΛΞΠΣΥΦΨΩαβγδϵζηθικλμνξπρστυφχ*** ***ψωεϑϖϱςφ↼↽⇀⇁⊂⊃▹◃0123456789.,</>⋆*** ***∂ABCDEFGHIJKLMNOPQRSTUVWXYZ♭♮♯⌣⌢*** ***ℓabcdefghijklmnopqrstuvwxyzıȷ℘⃗⁀***
OMS	mdugm	b	n	**−·×∗÷⋄±∓⊕⊖⊗⊘⊙◯∘•≍≡⊆⊇≤≥⪯⪰∼≈⊂⊃≪≫≺≻** **←→↑↓↔↗↘≃⇐⇒⇑⇓⇔↖↙∝′∞∈∋△▽̸∀∃¬∅ℜℑ⊤⊥**

encod.	family	series	shape	Beispiel
				ℵ𝒜ℬ𝒞𝒟ℰℱ𝒢ℋℐ𝒥𝒦ℒℳ𝒩𝒪𝒫𝒬ℛ𝒮𝒯𝒰𝒱𝒲𝒳𝒴𝒵∪∩⊎∧∨ ⊢⊣⌊⌋⌈⌉{}⟨⟩‖↕⇕\≀√∐∇∫⊔⊓⊑⊒§†‡¶♣♢♡♠
OMX	mdugm	b	n	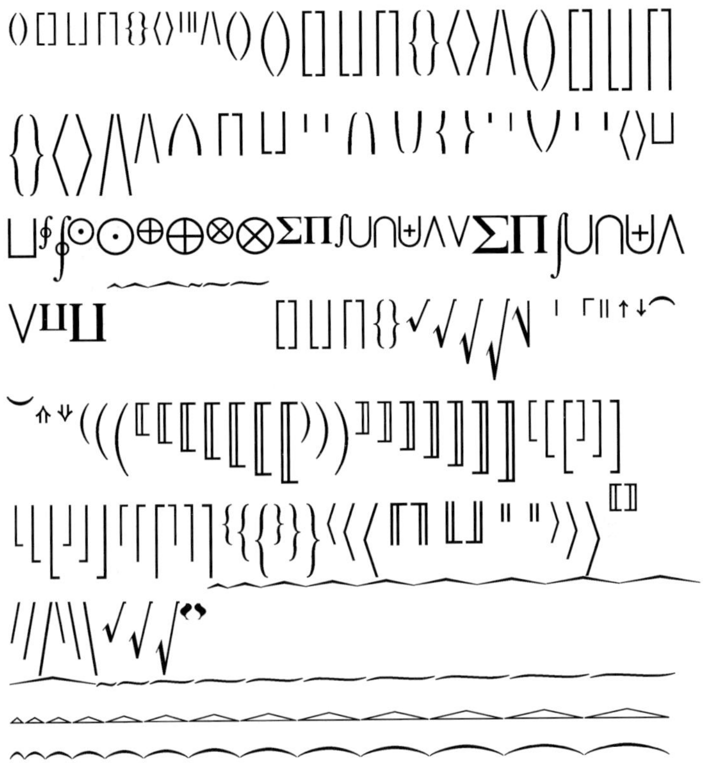

\usepackage[adobe-utopia]{mathdesign}

encod.	family	series	shape	*Beispiel*
OT1	mdput	m	n	ΓΔΘΛΞΠΣΥΦΨΩfffiflffiffl ı ` ´ ˇ ˘ ¯ ˚ ¸ßæœøÆŒØ ␣!”#$%&’()*+,-./0123456789:;¡=¿? @ABCDEFGHIJKLMNOPQRSTUVWXYZ[“]ˆ˙ ‘abcdefghijklmnopqrstuvwxyz–—˝˜¨
OML	mdput	m	it	*ΓΔΘΛΞΠΣΥΦΨΩαβγδϵζηθικλμνξπρστυϕχ ψωεϑϖϱςφ↼↽⇀⇁ ⃖ ⃗▹◃0123456789.,</>⋆ ∂ABCDEFGHIJKLMNOPQRSTUVWXYZ♭♮♯⌣⌢ ℓabcdefghijklmnopqrstuvwxyzıȷ℘ ⃗ ̑*
OMS	mdput	m	n	−·×∗÷⋄±∓⊕⊖⊗⊘⊙◯∘•≍≡⊆⊇≤≥⪯⪰∼≈⊂⊃≪≫≺≻ ←→↑↓↔↗↘≃⇐⇒⇑⇓⇔↖↙∝′∞∈∋△▽⧸∀∃¬∅ℜℑ⊤⊥ ℵ𝒜ℬ𝒞𝒟ℰℱ𝒢ℋℐ𝒥𝒦ℒℳ𝒩𝒪𝒫𝒬ℛ𝒮𝒯𝒰𝒱𝒲𝒳𝒴𝒵∪∩⊎∧∨ ⊢⊣⌊⌋⌈⌉{}⟨⟩‖↕⇕\≀√∐∇∫⊔⊓⊑⊒§†‡¶♣♢♡♠

OMX mdput m n

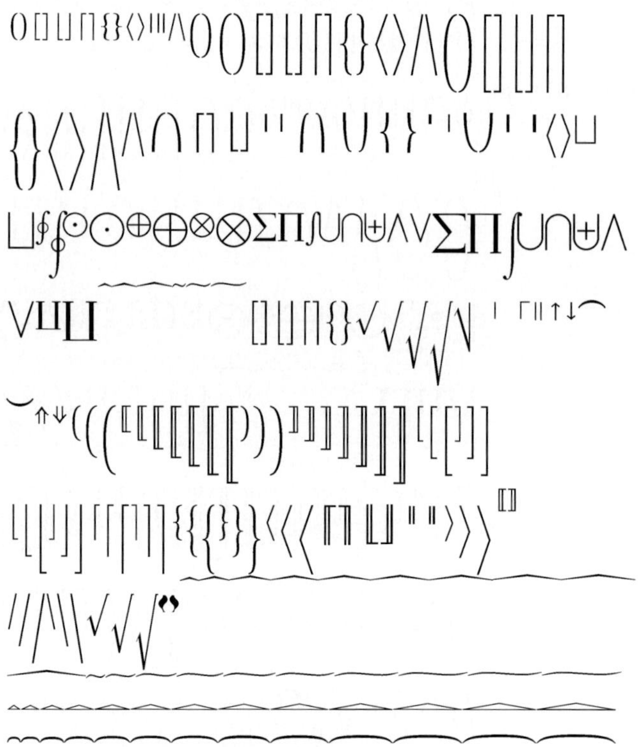

OT1 mdput b n **ΓΔΘΛΞΠΣΥΦΨΩﬀﬁﬂﬃﬄıȷ`´ˇ˘¯˚¸ßæœøÆŒØ**
!”#$%&’()*+,-./0123456789:;¡=¿?
@ABCDEFGHIJKLMNOPQRSTUVWXYZ[“]ˆ˙
‘abcdefghijklmnopqrstuvwxyz–—”˜¨

OML mdput b it ***ΓΔΘΛΞΠΣΥΦΨΩαβγδϵζηθικλμνξπρστυϕχ***
ψωεϑϖϱςφ↼↽⇀⇁‹›▹◃0123456789.,</>⋆
∂ABCDEFGHIJKLMNOPQRSTUVWXYZ♭♮♯⌣⌢
ℓabcdefghijklmnopqrstuvwxyzıȷ℘⃗⁀

OMS mdput b n −·×∗÷⋄±∓⊕⊖⊗⊘⊙◯∘•≍≡⊆⊇≤≥⪯⪰∼≈⊂⊃≪≫≺≻
←→↑↓↔↗↘≃⇐⇒⇑⇓⇔↖↙∝′∞∈∋△▽/∀∃¬∅ℜℑ⊤⊥
ℵ𝒜ℬ𝒞𝒟ℰℱ𝒢ℋℐ𝒥𝒦ℒℳ𝒩𝒪𝒫𝒬ℛ𝒮𝒯𝒰𝒱𝒲𝒳𝒴𝒵∪∩⊎∧∨
⊢⊣⌊⌋⌈⌉{}⟨⟩|‖↕⇕∖≀√⨿∇∫⊔⊓⊑⊒§†‡¶♣♢♡♠

OMX mdput b n

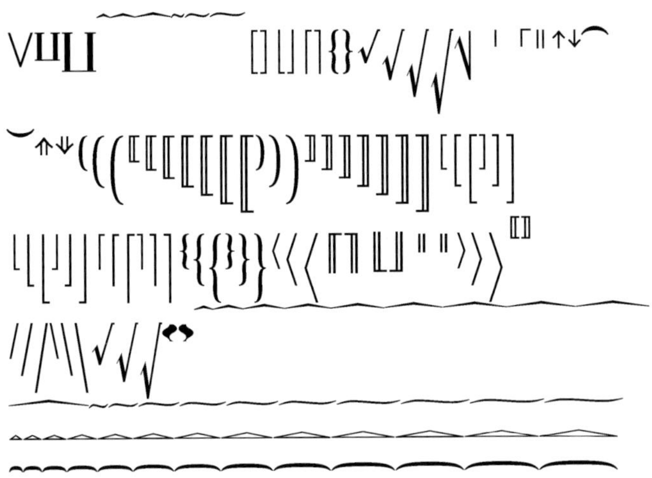

6.6.8 PX-Fonts – px, \usepackage{*pxfonts*}

encod.	*family*	*series*	*shape*	*Beispiel*
OML	pxmi	m	it	*ΓΔΘΛΞΠΣΥΦΨΩαβγδεζηθικλμνξπρστυφχ ψωεϑϖϱςφ↼↽⇀⇁◃▹0123456789.,</>⋆ ∂ABCDEFGHIJKLMNOPQRSTUVWXYZ♭♮♯⌣⌢ ℓabcdefghijklmnopqrstuvwxyzıȷ℘⃗⁀*
OML	pxmi	bx	it	***ΓΔΘΛΞΠΣΥΦΨΩαβγδεζηθικλμνξπρστυφχ ψωεϑϖϱςφ↼↽⇀⇁◃▹0123456789.,</>⋆ ∂ABCDEFGHIJKLMNOPQRSTUVWXYZ♭♮♯⌢⌣ ℓabcdefghijklmnopqrstuvwxyzıȷ℘⃗⁀***
OMS	pxsy	m	n	−·×∗÷⋄±∓⊕⊖⊗⊘⊙◯∘•≍≡⊆⊇≤≥⪯⪰∼≈⊂⊃≪≫≺≻ ←→↑↓↔↗↘≃⇐⇒⇑⇓⇔↖↙∝′∞∈∋△▽̸∀∃¬∅ℜℑ⊤⊥ ℵ𝒜ℬ𝒞𝒟ℰℱ𝒢ℋℐ𝒥𝒦ℒℳ𝒩𝒪𝒫𝒬ℛ𝒮𝒯𝒰𝒱𝒲𝒳𝒴𝒵∪∩⊎∧∨ ⊢⊣⌊⌋⌈⌉{}⟨⟩|‖↕⇕\≀√∐∇∫⊔⊓⊑⊒§†‡¶♣♢♡♠
OMS	pxsy	bx	n	**−·×∗÷⋄±∓⊕⊖⊗⊘⊙◯∘•≍≡⊆⊇≤≥⪯⪰∼≈⊂⊃≪≫≺≻ ←→↑↓↔↗↘≃⇐⇒⇑⇓⇔↖↙∝′∞∈∋△▽̸∀∃¬∅ℜℑ⊤⊥ ℵ𝒜ℬ𝒞𝒟ℰℱ𝒢ℋℐ𝒥𝒦ℒℳ𝒩𝒪𝒫𝒬ℛ𝒮𝒯𝒰𝒱𝒲𝒳𝒴𝒵∪∩⊎∧∨ ⊢⊣⌊⌋⌈⌉{}⟨⟩|‖↕⇕\≀√∐∇∫⊔⊓⊑⊒§†‡¶♣♢♡♠**
U	pxsya	m	n	⊡⊞⊠□■·◇◆↻↺⇌⇋⊟⊩⊪⊨↠↞⇇⇉⇈⇊↿⇃↾⇂↣↢⇆⇄↰↱ ⇝↭↫↬≗≿≳⪆⊸∴∵∔≜≾≲⪅⪕⪖⋞⋟≼≦⩽≶‵≓≒≽≧⩾≷ ⊏⊐⊳⊲⊵⊴★≬▼▶◀⇾⇽▲▽≖⋚⋛⪋⪌¥⇛⇚✓⊻⊼⩞∠∡∢∝ ⌣⌢⋐⋑⋓⋒⋏⋎⋋⋌⫅⫆≏≎⋘⋙⌜⌝®Ⓢ⋔∔∽⋍⌞⌟✠∁⊺⊚⊛⊝
U	pxsya	bx	n	**⊡⊞⊠□■·◇◆↻↺⇌⇋⊟⊩⊪⊨↠↞⇇⇉⇈⇊↿⇃↾⇂↣↢⇆⇄↰↱ ⇝↭↫↬≗≿≳⪆⊸∴∵∔≜≾≲⪅⪕⪖⋞⋟≼≦⩽≶‵≓≒≽≧⩾≷ ⊏⊐⊳⊲⊵⊴★≬▼▶◀⇾⇽▲▽≖⋚⋛⪋⪌¥⇛⇚✓⊻⊼⩞∠∡∢∝ ⌣⌢⋐⋑⋓⋒⋏⋎⋋⋌⫅⫆≏≎⋘⋙⌜⌝®Ⓢ⋔∔∽⋍⌞⌟✠∁⊺⊚⊛⊝**

U	pxsyb	m	n	⪇⪈≰≱⊀⊁⋠⋡⪉⪊⋨⋩≨≩⪱⪲⋦⋧⪵⪶⪹⪺⪷⪸≁≆╱╲ ⊊⊋⊈⊉⫋⫌⊊⊋⊄⊅∦∤∤∦⊬⊭⊮⊯⋪⋫⋬⋭↚↛⇍⇏⇎↮⋇∅ ∄ABCDEFGHIJKLMNOPQRSTUVWXYZ⁀⁀ ⅎ℧℧ð≂⊐⊐ℸ⋖⋗⋉⋊⦀╲∼≈≊⋦⋧↶↷Ⅎϰ𝕜ℏℏ϶
U	pxsyb	bx	n	⪇⪈≰≱⊀⊁⋠⋡⪉⪊⋨⋩≨≩⪱⪲⋦⋧⪵⪶⪹⪺⪷⪸≁≆╱╲ ⊊⊋⊈⊉⫋⫌⊊⊋⊄⊅∦∤∤∦⊬⊭⊮⊯⋪⋫⋬⋭↚↛⇍⇏⇎↮⋇∅ **∄ABCDEFGHIJKLMNOPQRSTUVWXYZ⁀⁀** **ⅎ℧℧ð≂⊐⊐ℸ⋖⋗⋉⋊⦀╲∼≈≊⋦⋧↶↷Ⅎϰ𝕜ℏℏ϶**

6.6.9 TX-Fonts – tx, \usepackage{*txfonts*}

encod.	*family*	*series*	*shape*	*Beispiel*
OML	txmi	m	it	*ΓΔΘΛΞΠΣΥΦΨΩαβγδϵζηθικλμνξπρστυϕχ* *ψωεϑϖϱςφ*↼↽⇀⇁⊂⊃▹◃0123456789.,</>⋆ *∂ABCDEFGHIJKLMNOPQRSTUVWXYZ*♭♮♯⌣⌢ *ℓabcdefghijklmnopqrstuvwxyzıȷ℘*⃗⁀
OML	txmi	bx	it	***ΓΔΘΛΞΠΣΥΦΨΩαβγδϵζηθικλμνξπρστυϕχ*** ***ψωεϑϖϱςφ*↼↽⇀⇁⊂⊃▹◃0123456789.,</>⋆** ***∂ABCDEFGHIJKLMNOPQRSTUVWXYZ*♭♮♯⌢⌣** ***ℓabcdefghijklmnopqrstuvwxyzıȷ℘*⃗⁀**
OMS	txms	m	n	−·×∗÷⋄±∓⊕⊖⊗⊘⊙◯∘∙≍≡⊆⊇≤≥⪯⪰∼≈⊂⊃≪≫≺≻ ←→↑↓↔↗↘≃⇐⇒⇑⇓⇔↖↙∝′∞∈∋△▽∀∃¬∅ℜℑ⊤⊥ ℵ𝒜ℬ𝒞𝒟ℰℱ𝒢ℋℐ𝒥𝒦ℒℳ𝒩𝒪𝒫𝒬ℛ𝒮𝒯𝒰𝒱𝒲𝒳𝒴𝒵∪∩⊎∧∨ ⊢⊣⌊⌋⌈⌉{}⟨⟩∣∥↕⇕∖≀√∐∇∫⊔⊓⊑⊒§†‡¶♣♢♡♠
U	txsya	m	n	⊡⊞⊠□■.◊♦↻↺⇌⇋⊟⊩⊪⊫↠↞⇇⇉⇈⇊↾↿⇂⇃↣↢⇆⇄⊪ ⇝↭↫↬≗≳≳⪆⊸∴∵≑≜≲⩽⪅⋚⋛⋚⪋⪌⪕⪖⋛⩾⪆ ⊏⊐⊳⊲⊵⊴★≬▼▶◀⋗⋖△▲▽≖⋚⪋⪌¥⇛⇚✓⊻⊼⩞∠∡∢∝ ⌣⌢⋐⋑⋓⋒⋏⋎⋋⋌⫅⫆≏≎⋘⋙⌜⌝®Ⓢ⋔∔∽≂⌞⌟✠∁⊤⊚⊛⊝
U	txsya	bx	n	**⊡⊞⊠□■.◊♦↻↺⇌⇋⊟⊩⊪⊫↠↞⇇⇉⇈⇊↾↿⇂⇃↣↢⇆⇄⊪** **⇝↭↫↬≗≳≳⪆⊸∴∵≑≜≲⩽⪅⋚⋛⋚⪋⪌⪕⪖⋛⩾⪆** **⊏⊐⊳⊲⊵⊴★≬▼▶◀⋗⋖△▲▽≖⋚⪋⪌¥⇛⇚✓⊻⊼⩞∠∡∢∝** **⌣⌢⋐⋑⋓⋒⋏⋎⋋⋌⫅⫆≏≎⋘⋙⌜⌝®Ⓢ⋔∔∽≂⌞⌟✠∁⊤⊚⊛⊝**
U	txsyb	m	n	⪇⪈≰≱⊀⊁⋠⋡⪉⪊⋨⋩≨≩⪱⪲⋦⋧⪵⪶⪹⪺⪷⪸≁≆╱╲ ⊊⊋⊈⊉⫋⫌⊊⊋⊄⊅∦∤∤∦⊬⊭⊮⊯⋪⋫⋬⋭↚↛⇍⇏⇎↮⋇∅ ∄𝔸𝔹ℂ𝔻𝔼𝔽𝔾ℍ𝕀𝕁𝕂𝕃𝕄ℕ𝕆ℙℚℝ𝕊𝕋𝕌𝕍𝕎𝕏𝕐ℤ⁀⁀ ⅎ℧℧ð≂⊐⊐ℸ⋖⋗⋉⋊⦀╲∼≈≊⋦⋧↶↷Ⅎϰ𝕜ℏℏ϶
U	txsyb	bx	n	**⪇⪈≰≱⊀⊁⋠⋡⪉⪊⋨⋩≨≩⪱⪲⋦⋧⪵⪶⪹⪺⪷⪸≁≆╱╲** **⊊⊋⊈⊉⫋⫌⊊⊋⊄⊅∦∤∤∦⊬⊭⊮⊯⋪⋫⋬⋭↚↛⇍⇏⇎↮⋇∅** **∄𝔸𝔹ℂ𝔻𝔼𝔽𝔾ℍ𝕀𝕁𝕂𝕃𝕄ℕ𝕆ℙℚℝ𝕊𝕋𝕌𝕍𝕎𝕏𝕐ℤ⁀⁀** **ⅎ℧℧ð≂⊐⊐ℸ⋖⋗⋉⋊⦀╲∼≈≊⋦⋧↶↷Ⅎϰ𝕜ℏℏ϶**

Kapitel 7

Pakete

In diesem Kapiel werden nur ein paar ausgewählte Pakete behandelt, deren Anwendung mittlerweile Standard ist und faktisch per Definition von jedem zu erstellenden Dokument geladen werden können. Trotzdem ist auch diese Zusammenstellung willkürlich, denn die Grenze zu den weniger häufig angewendeten Paketen ist fließend.

7.1 fontenc

```
\usepackage[Fontkodierung]{fontenc}
```

Standardmäßig wird man die T1-Kodierung verwenden, die auch entsprechende Zeichen für korrekte Trennungen von Wörtern mit Umlauten bereitstellt und nichts mit den Type1-Schriften von PostScript zu tun hat. Die allgemein gültigen Font-Kodierungen enthält Tabelle 6.1 auf S. 68.

Aufgrund der Tatsache, dass fast nur Vektorfonts verwendet werden, sollte das Paket fontenc mit der korrekten Fontkodierung standardmäßig geladen werden. Im Allgemeinen mit der Option T1.

7.2 inputenc

Mit diesem Paket wird die sogenannte Eingabekodierung festgelegt, was sich lediglich auf die nicht im Standard-ASCII vorhandenen Zeichen bezieht.

```
\usepackage[Encoding-Name]{inputenc}        \inputencoding{Encoding-Name}
```

Das Makro `\inputencoding` gestattet das Umschalten der Kodierung für einzelne Textpassagen, beispielsweise für mehr oder weniger kurze CJK-Sequenzen (Chinese–Japanese–Korean).

Die wichtigsten Kodierungen für das Input-Encoding sind

- `ascii` ASCII für den Zeichenbereich 32–127.
- `latin1` ISO Latin-1 Encoding.
- `latin9` ISO Latin-9 Encoding (mit Euro-Zeichen).
- `utf8` 8-bit Unicode Transformation Format.
- `applemac` Macintosh Encoding.
- `ansinew` Windows 3.1 ANSI Encoding, Erweiterung von Latin-1 (synonym für `cp1252`)

Weitere kann man der Dokumentation zum Paket entnehmen → texdoc *inputenc*. Insbesondere im Zusammenhang mit einer Mehrautorenschaft kann es zu Problemen kommen, wenn verschiedene Autoren unterschiedliche Eingabekodierungen verwenden. Das Programm recode (oder ein vergleichbares) gestattet ein einfaches Umdefinieren in das allgemeingültige LaTeX-Format, welches nur Makros verwendet:

```
recode --diacritics --touch --verbose latin1..LaTeX Dateiname
```

In diesem Beispiel würde eine `latin1`-Kodierung nach LaTeX konvertiert, also beispielsweise ä→\"a. Alternativ hätte man mit `\inputencoding` eine Umschaltung vornehmen können.

7.3 graphicx

7.3.1 \includegraphics

Der Befehl `\includegraphics` benötigt das Paket `graphicx`, welches selbst automatisch das Paket `graphics` lädt. Nach dem Laden steht dann unter anderen der folgende Befehl zur Verfügung:

```
\usepackage[Optionen]{graphicx}
...
\includegraphics*[Optionen]{Dateiname}
```

- Eine Angabe des optionalen Treibers kann in der Regel entfallen, da die Konfigurationsdatei den verwendeten Modus selbst feststellen kann, beispielsweise `dvips` oder `pdftex`
- Der Dateiname sollte ohne Dateiendung angegeben werden, dann kann der Treiber die richtige auswählen, beispielsweise mit Endung `.eps`, wenn der LaTeX-Modus benutzt wird. Enthält der Dateiname selbst einen Punkt oder andere spezielle Zeichen, dann sollte das Paket `grffile` geladen werden.

- Ohne Angabe eines Pfades sucht TEX erst im Dokumentenverzeichnis, dann im lokalen TEX-Baum und danach im normalen TEX-Baum.
- Über `\graphicspath` oder die Umgebungsvariable `TEXINPUTS` kann TEX ein weiterer Suchpfad mitgeteilt werden.
- Die Sternversion beschneidet die Grafik entsprechend der Bounding Box.

Die Beispiele beziehen sich alle auf dieselbe Grafik, deren Originalgröße im Beispiel 7-3-2 zu sehen ist.

```
\usepackage{graphicx}

X\_\fbox{\includegraphics[width=2cm]{B}}\_X
X\_\fbox{\includegraphics[height=2cm]{B}}\_X
X\_\fbox{\includegraphics[width=2cm,height=2cm,keepaspectratio=false]{B}}\_X
X\_\fbox{\includegraphics[width=2cm,height=2cm,keepaspectratio]{B}}\_X
```

Bsp. 7-3-1

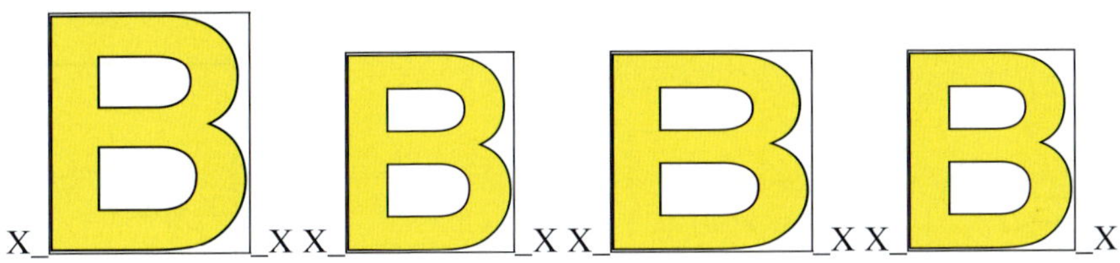

```
\usepackage{graphicx}

X\_\fbox{\includegraphics[scale=0.5]{B}}\_X
X\_\fbox{\includegraphics[bb=120 600 150 650]{B}}\_X\qquad
X\_\fbox{\includegraphics[bb=120 600 150 650, clip]{B}}\_X\qquad
X\_\fbox{\includegraphics[viewport=20 10 80 80]{B}}\_X
```

Bsp. 7-3-2

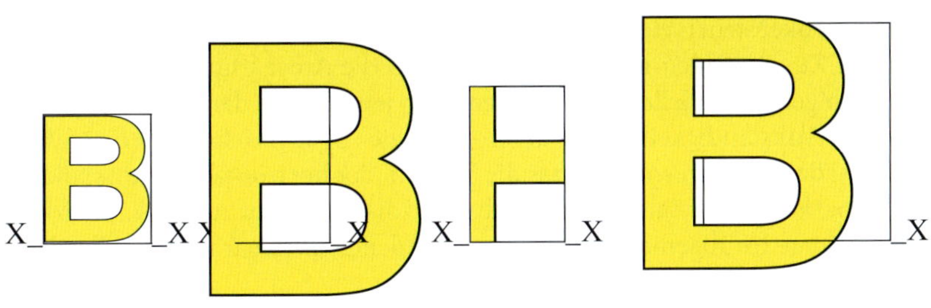

```
\usepackage{graphicx}

X\_\fbox{\includegraphics[viewport=20 10 80 80,clip]{B}}\_X
X\_\fbox{\includegraphics[trim=10 10 5 5, clip]{B}}\_X
X\_\fbox{\includegraphics[angle=45, width=2cm]{B}}\_X
X\_\fbox{\includegraphics[width=2cm, angle=45]{B}}\_X
```

Bsp. 7-3-3

```
\usepackage{graphicx}

  X\_\fbox{\includegraphics[origin=rt,angle=45,width=2cm]{B}}\_X
  X\_\fbox{\includegraphics[origin=lC,angle=45,width=2cm]{B}}\_X
  X\_\fbox{\includegraphics[origin=rb,angle=45,width=2cm]{B}}\_X
  X\_\fbox{\includegraphics[draft]{B}}\_X
```

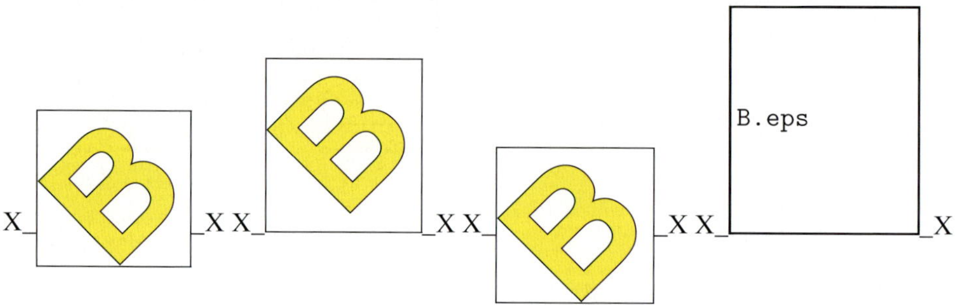

Bsp. 7-3-4

7.4 array

Mit dem array-Paket stehen vielfältige Möglichkeiten für eine bessere Einteilung einer Tabelle zur Verfügung. Zu empfehlen ist in jedem Fall noch die Anwendung von booktabs. Ausgehend von der folgenden Tabelle wird zum Vergleich jeweils eine der neuen Möglichkeiten gezeigt, wobei der Vollständigkeit halber auch »normale« Spaltendefinitionen zur Anwendung kommen. Es sei darauf hingewiesen, dass die Vielzahl der horizontalen und vertikalen Linien nicht der »Lesbarkeit« einer Tabelle förderlich ist; es dient hier nur zur besseren Erklärung der einzelnen Optionen. Im allgemeinen sollte man vertikale Linien gar nicht und horizontale nur sparsam einsetzen.

Links	Rechts	Zentriert	Box
l	r	c	p{2cm}

```
\begin{tabular}{|l|r|c|p{2cm}|}\hline
Links & Rechts & Zentriert & Box\\\hline
l & r & c & p\{2cm\}\\\hline
\end{tabular}
```

Bsp. 7-4-1

\extrarowheight vergrößert die **Höhe** der Zeile ohne Einfluss auf die Tiefe zu nehmen, sodass dieser Abstand nicht zu groß gewählt werden sollte. Er dient im Wesentlichen nur zur

Vermeidung des Anstoßens von Großbuchstaben an eine obere Linie.

Bsp. 7-4-2

Links	Rechts	Zentriert	Box
l	r	c	p{1.75cm}

```
\usepackage{array}
\usepackage[table]{xcolor}
\setlength\extrarowheight{8pt}
\begin{tabular}{|l|r|c|p{1.75cm}|}\hline
Links & Rechts & Zentriert & Box\\\hline
\rowcolor{cyan!40}
l & r & c & p\{1.75cm\}\\\hline
\end{tabular}
```

`\arraybackslash` redefiniert den standardmäßigen Befehl für einen Tabellenzeilenumbruch, den Doppelbackslash `\\`, der bei gleichzeitiger Anwendung eines der Formatierungsmakros `\raggedright`, `\raggedleft` oder `\centering` ohne `\arraybackslash` in sogenannten p-Spalten nicht mehr seine ursprüngliche Bedeutung hätte. Für eine neue *Zeile in einer Spalte* benutzt man dann `\newline` und für eine neue *Tabellenzeile* dann `\\` oder alternativ das Makro `\tabularnewline`.

Bsp. 7-4-3

L	R	Z	Box
l	r	c	p{2.5cm} neue Zeile mit \newline
l	r	c	neue Tabellen- zeile mit \\
wie jetzt			

```
\usepackage{array,ragged2e}
\usepackage[table]{xcolor}
\begin{tabular}{|>{\columncolor{yellow}}l|r|c|
  >{\RaggedRight\arraybackslash}p{2.5cm}|}
\hline
L & R & Z & Box\\\hline
l & r & c & p\{2.5cm\}\newline
  neue Zeile mit \verb+\newline+\\
l & r & c & neue Tabellenzeile mit \verb+\\+\\
  wie jetzt &&& \\\hline
\end{tabular}
```

Bsp. 7-4-4

L	R	Z	Box
l	r	c	p{2cm} neue Zeile mit \newline
l	r	c	neue Tabellen- zeile mit \tabularnewline
wie jetzt			

```
\usepackage{array,ragged2e}
\usepackage[table]{xcolor}
\begin{tabular}
  {|l|r|c|>{\RaggedRight}p{2.5cm}|}\hline
L & R & Z & Box\tabularnewline\hline
l & r & c & \cellcolor{magenta!40}p\{2cm\}
  \newline neue Zeile mit \verb+\newline+\\
l & r & c & neue Tabellen\-zeile
  mit \Lcs{tabularnewline}\\
wie jetzt&&&\tabularnewline\hline
\end{tabular}
```

`>{...}`, wobei hier »...« für eine beliebige Code-Sequenz steht, die *vor dem Beginn* der jeweiligen Spalte in jeder Zeile ausgeführt wird, in diesem Beispiel wird die Fettschrift gewählt.

Bsp. 7-4-5

Links	Rechts	Zentriert	Box
l	r	c	p{1.5cm}

```
\usepackage{array}
\usepackage[table]{xcolor}
\begin{tabular}{|>{\bfseries}l|r|c|p{1.5cm}|}
\rowcolor{red!30}Links&Rechts&Zentriert&Box\\
\rowcolor{red!60}l & r & c & p\{1.5cm\}
\end{tabular}
```

<{...}, wobei hier »...« wieder für eine beliebige Code-Sequenz steht, die diesmal *vor dem Ende* der jeweiligen Spalte in jeder Zeile ausgeführt wird, in diesem Beispiel wird der mathematische Modus gewählt, indem >{$} den Inlinemodus ein- und <{$} ausschaltet.

Links	*Rechts*	Zentriert	Box
l	*r*	c	p{1.5cm}

```
\usepackage{array}
\usepackage[table,dvipsnames]{xcolor}
\begin{tabular}{l>{\columncolor{Tan}$}r<{$}
    c|p{1.5cm}|}
Links & Rechts & Zentriert & Box\\\hline
l & r & c & p\{1.5cm\}
\end{tabular}
```

Bsp. 7-4-6

!{...}, wobei hier »...« wieder für eine beliebige Code-Sequenz, die diesmal *anstelle* einer Trennlinie in jeder Zeile eingefügt wird, wobei links und rechts der gleiche Abstand zu den beiden Spalten bestehen bleibt. In diesem Beispiel wird anstelle der Trennlinie ein Doppelpunkt bzw. ein Pfeil eingefügt.

Links	Rechts	:	Zentriert	→	Box
l	r	:	c	→	p{1.5cm}

```
\usepackage[table]{xcolor}
\begin{tabular}{l!{\color{red}\vline}r
  !{:}c!{\color{blue}$\rightarrow$}p{1.5cm}}
Links & Rechts & Zentriert & Box\\\hline
\rowcolor[cmyk]{0,.5,.7,0}l & r & c & p\{1.5cm\}
\end{tabular}
```

Bsp. 7-4-7

@{...}, wobei hier »...« wieder für eine beliebige Code-Sequenz steht, die diesmal *anstelle* einer Trennlinie in jeder Zeile eingefügt wird, wobei links und rechts *kein* Abstand mehr zwischen den beiden Spalten besteht. In diesem Beispiel wird wieder anstelle der Trennlinie ein Doppelpunkt bzw. ein Pfeil eingefügt. Der Unterschied zu obigem Beispiel ist o ensichtlich.

Links	Rechts	:	Zentriert	→	Box
l	r	:	c	→	p{1.5cm}

```
\usepackage{xcolor}
\begin{tabular}{@{}l|r@{:}c@{\protect%
  \colorbox{cyan}{$\rightarrow$}}p{1.5cm}@{}}
Links & Rechts & Zentriert & Box\\\cline{2-4}
l & r & c & p\{1.5cm\}\\\cline{1-1}
\end{tabular}
```

Bsp. 7-4-8

*{*Anzahl*}{*Spaltentyp*}, wobei hier *Anzahl* für den Wiederholungsfaktor und *Spaltentyp* für eine beliebige Code-Sequenz steht.

l	l	l	r	r	r	r
L	L	L	R	R	R	R

```
\usepackage[table]{xcolor}
\usepackage{array}
\begin{tabular}
 {|*{3}{>{\columncolor{blue!40}}l}|*{4}{r|}}\cline{1-3}
l&l&l&r&r&r&r\\    L&L&L&R&R&R&R\\\cline{1-3}
\end{tabular}
```

Bsp. 7-4-9

Das Makro \newcolumntype erlaubt beliebige neue Spaltentypen, die dann in abgekürzter Form als Spaltendefinition im Tabellenkopf benutzt werden können.

\newcolumntype{*Zeichen*}[*n*]{*Spaltendefinition*}

Zeichen kann nur ein Buchstabe sein, der sinnvollerweise von den bereits reservierten abweichen sollte. *n* bezeichnet die Anzahl der verwendeten Parameter und bleibt unberücksichtigt, wenn die Definition ohne Parameter erfolgt. Die *Spaltendefinition* muss auf einen bereits existierenden Spaltentyp Bezug nehmen. Die folgenden Beispiele zeigen jeweils exemplarisch die Anwendung des Makros.

```
\usepackage{array}
\usepackage[table,svgnames]{xcolor}
\newcolumntype{L}{>{$}l<{$}}  \newcolumntype{T}{>{\ttfamily\small}l}

\rowcolors{1}{Pink}{Orchid!50}% aus xcolor
\begin{tabular}{lLT@{\qquad}lLT}
Sinus & \sin(\alpha) &<Wert> sin &Cosinus & \cos(\alpha) & <Wert> cos \\
Tangens&\tan(\alpha) &<Wert> tan &Arcus Tangens&\arctan(x)&<Wert1> <Wert2> atan
\end{tabular}
```

Bsp. 7-4-10

Sinus	$\sin(\alpha)$	`<Wert> sin`	Cosinus	$\cos(\alpha)$	`<Wert> cos`
Tangens	$\tan(\alpha)$	`<Wert> tan`	Arcus Tangens	$\arctan(x)$	`<Wert1> <Wert2> atan`

Im folgenden Beispiel wird eine Kopfzeile gedreht, um auf diese Weise die schmalen Spalten nicht unnötig zu verbreitern, was zu Lasten der Lesbarkeit der Tabelle ginge. Wenn bei einer Spalte mehrere Zeilen im Kopf erscheinen, dann sollte das Paket varwidth von Donald Arseneau eingesetzt werden, welches gegenüber der minipage-Umgebung den Vorteil hat, dass man die benötigte Breite nicht explizit angeben muss.

```
\usepackage{array,rotating}
\usepackage[table,svgnames]{xcolor}  \rowcolors{2}{Peru}{Peru!50}
\newcolumntype{B}{>{\bfseries}c}     \newcolumntype{T}{>{\ttfamily}l}
\newcolumntype{R}[1]{>{\color{Crimson}\begin{turn}{#1}}l<{\end{turn}}}

\begin{tabular}[b]{BTl}
\multicolumn{1}{R{45}}{Abkürzung} & \multicolumn{1}{R{45}}{Bezugsspalte} &
\multicolumn{1}{R{45}}{Parameter}\\\hline B & c & - \\ T & l & - \\ R & l & 1\\\hline
\end{tabular} \qquad       \rowcolors{2}{Thistle}{Wheat}
\begin{tabular}[b]{@{}BTl@{}}
\multicolumn{1}{R{90}}{Abkürzung} & \multicolumn{1}{R{90}}{Bezugsspalte} &
\multicolumn{1}{R{90}}{Parameter}\\ B & c & - \\ T & l & - \\ R & l & 1
\end{tabular}
```

Bsp. 7-4-11

Abkürzung	Bezugsspalte	Parameter
B	`c`	-
T	`l`	-
R	`l`	1

Abkürzung	Bezugsspalte	Parameter
B	`c`	-
T	`l`	-
R	`l`	1

Nach Definition trennt TEX nicht das erste Wort eines Absatzes. Dies ist in schmalen Spalten aber manchmal wünschenswert. Man definiert einen Spaltentyp, der als erstes ein

\hspace{0pt} in die Spalte schreibt, was TEX als ein Wort der Breite Null erkennt und daraus folgend dann das nächste reguläre Wort trennt. Im folgenden Beispiel erkennt man dies deutlich; die erste Tabelle ist fehlerhaft in der letzten Spalte, die zweite korrekt.

Links	Rechts	Zentriert	Box
l	r	c	Definitionsgemäß

Links	Rechts	Zentriert	Box
l	r	c	Definitions-gemäß

```
\usepackage{array}
\usepackage[table]{xcolor}
\newcolumntype{P}[1]{%
  >{\columncolor{green!40}\hspace{0pt}}p{#1}}
\begin{tabular}{|l|r|c>{\columncolor{blue!40}}p{2cm
Links & Rechts & Zentriert & Box\\\hline
l & r & c & Definitionsgemäß
\end{tabular}\\[8mm]
\begin{tabular}{|l|r|cP{2cm}}
Links & Rechts & Zentriert & Box\\\hline
l & r & c & Definitionsgemäß
\end{tabular}
```

Bsp. 7-4-12

Horizontale Ausrichtungen erreicht man mit den bereits mehrfach erwähnten drei Makros \raggedleft, \centering und \raggedright, beziehungsweise den modifizierten Makros \RaggedLeft, \Centering und \RaggedRight des Paketes ragged2e von Martin Schröder, die eine Worttrennung erlauben.

```
\usepackage{array,ragged2e}
\usepackage[table]{xcolor}
\newcolumntype{L}[1]{>{\color{red}\hspace{0pt}\RaggedRight\arraybackslash}p{#1}}
\newcolumntype{C}[1]{>{\color{green}\hspace{0pt}\Centering\arraybackslash}p{#1}}
\newcolumntype{R}[1]{>{\color{blue}\hspace{0pt}\RaggedLeft\arraybackslash}p{#1}}

\begin{tabular}{@{}L{3cm}C{3cm}R{3cm}@{}}\hline
Eine linksbündige Spalte mit rechtsseitigem Flattersatz
  & Eine zentrierte Spalte mit linkem und rechtem Flattersatz
  & Eine rechtsbündige Spalte mit linksseitigem Flattersatz\\
L & C & R\\\hline
\end{tabular}
```

Eine linksbündige Spalte mit rechtsseitigem Flattersatz	Eine zentrierte Spalte mit linkem und rechtem Flattersatz	Eine rechtsbündige Spalte mit linksseitigem Flattersatz
L	C	R

Bsp. 7-4-13

7.5 xcolor

Zwischen den Paketen xcolor von Uwe Kern und color von David Carlisle existiert ein wesentlicher Unterschied bei der Handhabung der Option dvips, denn color aktiviert grundsätzlich die dvipsnames Option, sobald einer der Treiber dvips, oztex oder xdvi ausgewählt wird. Dies kann zu Problemen führen, wenn man das Dokument mit pdftex übersetzt, welches dann undefinierte Farben reklamiert. Dies ist der Grund, warum xcolor grundsätzlich vom Anwender eine explizite Angabe der »named«-Option, die dvipsnames erwartet, wenn die entsprechenden vordefinierten Farben (siehe Tabelle 7.4 auf S. 109) benutzt werden sollen.

```
\usepackage[Optionen]{xcolor}
```

Tabelle 7.1: Zusammenstellung der wichtigsten Paketoptionen von xcolor

Option	*Bedeutung*
natural	(Standard) Benutze alle Farben innerhalb ihres Modells, mit Ausnahme von RGB (konvertiert to rgb), HSB (konvertiert to hsb), und Gray (konvertiert to gray).
rgb	Konvertiert alle Farben in das rgb-Modell.
cmy	Konvertiert alle Farben in das cmy-Modell.
cmyk	Konvertiert alle Farben in das cmyk-Modell.
hsb	Konvertiert alle Farben in das hsb-Modell.
gray	Konvertiert alle Farben in das gray-Modell.
RGB	Konvertiert alle Farben in das RGB-Modell (und danach ins rgb-Modell).
HTML	Konvertiert alle Farben in das HTML-Modell (und danach ins rgb-Modell).
HSB	Konvertiert alle Farben in das HSB-Modell (und danach ins hsb-Modell).
Gray	Konvertiert alle Farben in das Gray-Modell (und danach ins to gray-Modell).
dvipsnames	Lädt die vordefinierten dvips-Farben.
svgnames	Lädt die vordefinierten SVG-Farben
x11names	Lädt die vordefinierten X11-Farben
prologue	schreibt die Liste der Farbnamen (dvipsnames) in den PostScript-Header, was für die Dokumentenerstellung via dvips wichtig ist.
table	Lädt das colortbl Paket, um farbige Tabellenzeilen zu ermöglichen.
hyperref	Unterstützung des hyperref Packets.
prologue	Schreibt PostScript-Prolog-Datei, um vordefinierte Farbnamen für dvips zu ermöglichen.
showerrors	(Standard) Gibt eine Meldung bei undefinierten Farben aus.
hideerrors	Gibt nur eine Fehlermeldung aus, wenn die undefinierte Farbe benutzt wird und setzt sie dann auf Schwarz.

7.5.1 Definition von Farben über numerische Werte

```
\color[Modell]{Spezifikation}
\textcolor[Modell]{Spezifikation}{Text}
```

Bsp. 7-5-1

Nun ist der Text grün und nun ein wenig magenta und jetzt blau und nun wieder grün.

```
\usepackage[noxcolor]{pstricks}
Nun ist der Text \color[rgb]{0,1,0} grün und
nun \textcolor[cmyk]{0,1,0,0}{ein wenig magenta}
und {\color[rgb]{0,0,1}jetzt blau} und nun wieder grün.
```

Tabelle 7.2: Unterstützte Farbmodelle (L, M, N sind natürliche Zahlen)

Name	*Grundfarben*	*Parameterbereich*	*Standard*
rgb	red, green, blue	$[0, 1]$	
cmy	cyan, magenta, yellow	$[0, 1]$	
cmyk	cyan, magenta, yellow, black	$[0, 1]$	
hsb	hue, saturation, brightness	$[0, 1]$	
gray	gray	$[0, 1]$	
RGB	Red, Green, Blue	$\{0, 1, \ldots, L\}$	$L = 255$
HTML	RRGGBB	$\{000000, \ldots, \mathrm{FFFFFF}\}$	
HSB	Hue, Saturation, Brightness	$\{0, 1, \ldots, M\}$	$M = 240$
Gray	Gray	$\{0, 1, \ldots, N\}$	$N = 15$
wave	lambda (nm - nanometer)	$[363, 814]$	

Die Farben black, white, red, green, blue, cyan, magenta und yellow sollten von jedem beliebigen Treiber definiert werden, sodass der Anwender sie direkt über ihre Namen benutzen können sollte. xcolor definiert die weiteren Grundfarben gray, lightgray, darkgray, brown, lime, olive, orange, pink, purple, violet und teal.

Das Makro \definecolor ist bereits durch das color-Paket definiert, wird jedoch durch xcolor in seinen Möglichkeiten erweitert. Es stehen die folgenden Makros für weitere Farbdefinitionen zur Verfügung:

```
\definecolor          \providecolor      \colorlet
\definecolorset       \providecolorset
\definecolorseries
```

Weiterhin definiert xcolor die in PostScript als *current color* bezeichnete aktuelle Farbe durch den Punkt, auf die in derselben Weise zugegri en werden kann, wie über normale Farbnamen. Im folgenden Beispiel wird mehrere Male hintereinander die aktuelle (Punkt-)Farbe auf 80% (\color{.!80}) ihres derzeitigen Wertes verändert, was letztlich zur Farbe Weiß führt. Die folgende \colorbox wiederum benutzt die komplementäre aktuelle Farbe (-.) für den Hintergrund, um \iCol lesbar zu gestalten.

```
\usepackage{pstricks,multido}
\newcommand*\CBox[1]{\color{.!80}\colorbox{.}{%
  \rule[-3ex]{0pt}{7ex}{\color{-.}#1}}}
\color{red}\multido{\iCol=1+1}{11}{\CBox{\large\iCol}}
```

Bsp. 7-5-2

Im Gegensatz zu Makronamen dürfen Farbnamen ohne weiteres Zi ern enthalten, was insbesondere für Farbnamen wie *Grau40* hilfreich sein kann. Andererseits können diese prozentualen Angaben auch direkt bei der Farbauswahl angegeben werden: \textcolor{black!40}{black40}→black40. xcolor erlaubt weitere Zeichen, wovon man allerdings keinen Gebrauch machen sollte, um für andere Pakete oder zukünftige Entwicklungen kompatibel zu bleiben.

```
\definecolor[Typ]{Name}{Modell}{Farbspezifikation}
\providecolor[Typ]{Name}{Modell}{Farbspezifikation}
\colorlet{Name}[num Modell]{Farbe}
\definecolorset[Typ]{Modell}{Präfix}{Su  x}{Setspezifikation}
\providecolorset[Typ]{Modell}{Präfix}{Su  x}{Setspezifikation}
\definecolorseries{Name}{Basismodell}[Methode]{b-Modell}
                  {b-Spezif.}[s-Modell]{s-Spezif.}
```

Die Wirkungsweise der beiden Makros `\providecolor` und `\providecolorseries` ist analog zum bekannten LaTeX Makro `\providecommand`. Wenn eine Farbe oder eine Farbserie bereits unter dem angegebenen Namen existiert, erfolgt keine Neudefiniton, womit ein Überschreiben verhindert werden kann.

```
\definecolor{MyOrange}{cmyk}{0,0.42,1,0}   \definecolor[named]{Blue}{rgb}{0,0,0.8}
\providecolor{MyGrey}{gray}{0.75}          \definecolor{MyBlack}{named}{Black}
\colorlet{MyRGBO}[rgb]{MyOrange}
```

Mit der Definition obiger Farben stehen *Myorange*, *Blue*, *MyGrey*, *MyBlack* und *MyRGBO* allgemein zur Verfügung und können zusätzlich zu den vordefinierten benutzt werden. Dies ist im folgenden Beispiel zu sehen, welches über die Paketoptionen `dvipsnames` und `prologue` die zusätzlichen Farbnamen des dvips Programms verfügbar macht. `\colorlet` benutzt die vorher im CMYK-Farbmodell definierte Farbe *MyOrange* als Grundlage. Dazu wird diese in das CMYK-Modell umgerechnet und dann als *MyRGBO* bezeichnet.

> `\definecolor` wirkt grundsätzlich lokal, `\definecolorseries` aber global!

Bsp. 7-5-3

```
\usepackage[dvipsnames,prologue]{xcolor}
\definecolor{MyOrange}{cmyk}{0,0.42,1,0}
\definecolor[named]{Blue}{rgb}{0,0,0.8}
\definecolor{MyGrey}{gray}{0.75}
\definecolor{MyBlack}{named}{Black}
\colorlet{MyRGBO}[rgb]{MyOrange}
\newcommand*\col[1]{\color{#1}\rule{3cm}{5mm}}
{\col{MyOrange}}\\{\col{Blue}}\\
{\col{MyGrey}}\\{\col{MyBlack}}\\{\col{MyRGBO}}
```

Die Option `table` ist nur bei farbigen Tabellen notwendig, wie beispielsweise in Tabelle 7.1 auf S. 103 und 7.2 auf der vorherigen Seite.

`xcolor` unterstützt die Definition von Farbserien mit drei Makros, wobei zwei nichts weiter als eine erweiterte Version von `\definecolor` sind.

```
\definecolorset{rgb}{}{}{red,1,0,0;green,0,1,0;blue,0,0,1}
\providecolorset{rgb}{}{H}{red,0.5,0,0;green,0,0.5,0;blue,0,0,0.5}
```

Das erste Beispiel definiert die drei RGB-Basisfarben und das zweite drei neue Basisfarben mit dem Su x *H*: *redH*, *greenH* und *blueH*. `\providecolorset` hätte man auch durch `\definecolorset` ersetzen können, denn es existierten noch keine entsprechenden Farbnamen. Umgekehrt wäre das nicht möglich gewesen, denn die drei RGB-Basisfarben `red`, `green` und `blue` sind sowohl durch `xcolor` als auch `PSTricks` bereits definiert.

Bsp. 7-5-4

```
\usepackage{xcolor}
\definecolorset{rgb}{}{}{%
  red,1,0,0;green,0,1,0;blue,0,0,1}
\providecolorset{rgb}{}{H}{%
  red,0.5,0,0;green,0,0.5,0;blue,0,0,0.5}
\newcommand*\col[1]{\color{#1}\rule{3cm}{5mm}}
{\col{red}}\\{\col{green}}\\
{\col{blue}}\\[4pt]
{\col{redH}}\\{\col{greenH}}\\{\col{blueH}}
```

Eine ganze Farbserie lässt sich mit `\definecolorseries` festlegen, wobei der Anwender sowohl Farbanfang und Farbende als auch die Anzahl der Zwischenschritte vorgeben kann, beispielsweise eine Serie von Schwarz nach Weiß in 200 Schritten:

```
\definecolorseries{testA}{rgb}{last}{black}{white}
\resetcolorseries[200]{testA}%  definiert eine Serie mit 200 Farben
```

Mit dem Makro `\definecolorseries` wird diese Serie »logisch« definiert, während `\resetcolorseries` dies erst »physikalisch« durchführt, indem es die Zwischenschritte berechnet und alle Teilfarben intern in einer Art Feld definiert. Dabei kann man jederzeit auf einzelne Farben des Feldes zugreifen: `\testA!![`*Index*`]`.

Bsp. 7-5-5

```
\usepackage{xcolor,multido}
\definecolorseries{testA}{rgb}{last}{blue}{white}
\resetcolorseries[200]{testA}% 200 Farbschritte
\definecolorseries{testB}{rgb}{step}[rgb]{%
    0.95,0.85,0.55}{0.17,0.47,0.37}
\resetcolorseries[200]{testB}
\linethickness{0.004\linewidth}
\multido{\nC=1+1}{200}{\hspace*{0.004\linewidth}%
    \color{testA!![\nC]}\line(0,1){40}}\\[5pt]
\multido{\nC=1+1}{200}{\hspace*{0.004\linewidth}%
    \color{testB!![\nC]}\line(0,1){40}}
```

Wie die Zwischenwerte berechnet werden, hängt von der gewählten Methode ab:

- {*b-Modell*}{*b-Spezif.*} Angabe der ersten Farbe.
- {*s-Modell*}{*s-Spezif.*} Berechnung der Zwischenschritte in Abhängigkeit von `method`:
  - `step`, `grad`: Das optionale Argument ist bedeutungslos und {*s-Spezif.*} ist ein Vektor, dessen Dimension durch {*Basismodell*} festgelegt ist, bsp. `[hsb]{0.1,-0.2,0.3}`.
  - `last`: Angabe der letzten Farbe, beispielsweise `[rgb]{0.1,0.5,0.5}`.

Wie die Berechnung der Zwischenschritte genau erfolgt, kann der Dokumentation zu `xcolor` entnommen werden. [9] Die einfachste Methode eine Farbserie zu definieren, ergibt sich bei Verwendung der `last`-Option, wie es auch in den folgenden beiden Beispielen gezeigt wird. Das erste bezieht sich auf das CMYK und das zweite auf das HSB-Modell.

```
\usepackage{xcolor,multido}
\definecolorseries{C}{cmyk}{last}{white}[cmyk]{1,0,0,0}\resetcolorseries[10]{C}
\definecolorseries{M}{cmyk}{last}{white}[cmyk]{0,1,0,0}\resetcolorseries[10]{M}
\definecolorseries{Y}{cmyk}{last}{white}[cmyk]{0,0,1,0}\resetcolorseries[10]{Y}
\definecolorseries{K}{cmyk}{last}{white}[cmyk]{0,0,0,1}\resetcolorseries[10]{K}
\makebox[30mm][l]{cyan (C):}%
```

```
\multido{\nColr=0+1}{10}{\colorbox{C!![\nColr]}{0.\nColr}}\\
\makebox[30mm][l]{magenta (M):}%
\multido{\nColr=0+1}{10}{\colorbox{M!![\nColr]}{0.\nColr}}\\
\makebox[30mm][l]{yellow (Y):}%
\multido{\nColr=0+1}{10}{\colorbox{Y!![\nColr]}{0.\nColr}}\\
\makebox[30mm][l]{black (K):}%
\multido{\nColr=0+1}{10}{\colorbox{K!![\nColr]}{0.\nColr}}
```

Bsp. 7-5-6

cyan (C):	0.0	0.1	0.2	0.3	0.4	0.5	0.6	0.7	0.8	0.9
magenta (M):	0.0	0.1	0.2	0.3	0.4	0.5	0.6	0.7	0.8	0.9
yellow (Y):	0.0	0.1	0.2	0.3	0.4	0.5	0.6	0.7	0.8	0.9
black (K):	0.0	0.1	0.2	0.3	0.4	0.5	0.6	0.7	0.8	0.9

```
\usepackage{xcolor,multido}
\definecolorseries{H}{hsb}{last}[hsb]{0,1,1}[hsb]{1,1,1}\resetcolorseries[10]{H}
\definecolorseries{S}{hsb}{last}[hsb]{.1,0,1}[hsb]{.1,1,1}\resetcolorseries[10]{S}
\definecolorseries{B}{hsb}{last}[hsb]{1,1,0}[hsb]{1,1,1}\resetcolorseries[10]{B}

\makebox[30mm][l]{Hue (H):}%
\multido{\nColr=0+1}{10}{\colorbox{H!![\nColr]}{0.\nColr}}\\
\makebox[30mm][l]{Saturation (S):}%
\multido{\nColr=0+1}{10}{\colorbox{S!![\nColr]}{0.\nColr}}\\
\makebox[30mm][l]{Brightness (B):}%
\multido{\nColr=0+1}{10}{\colorbox{B!![\nColr]}{\color{white}0.\nColr}}\\
```

Bsp. 7-5-7

Hue (H):	0.0	0.1	0.2	0.3	0.4	0.5	0.6	0.7	0.8	0.9
Saturation (S):	0.0	0.1	0.2	0.3	0.4	0.5	0.6	0.7	0.8	0.9
Brightness (B):	0.0	0.1	0.2	0.3	0.4	0.5	0.6	0.7	0.8	0.9

7.5.2 Farbspezifikation

- »specification by name«, wobei die aktuelle Farbe den Punkt (`.`) als »Namen« hat.
- »specification by expression« mit der Syntax:
  PräfixName`!`*Wert1*`!`*Name1*`!`...`!`*WertN*`!`*NameNSuffix*

Präfix Ist dieses ein Minuszeichen (»–«), dann erfolgt vor Anwendung eine Umwandlung in die Komplementärfarbe.

Name Modell- und Farbparameter von *Name* bilden eine temporäre Farbe `\temp`.

Wert1!Name1 Die neue Farbe ergibt sich aus *Wert1*% der Farbe *temp* und (100 − *Wert1*)% von der Farbe *Name1* und wird dann wieder als neue temporäre Farbe `\temp` gespeichert. Dieser Schritt wird für alle weiteren *!Wert!Name* wiederholt. Ist ein *Suffix* definiert, dann ist die temporäre Farbe die zur Farbserie *Name* korrespondierende.

Su x Kann eine der Formen !!+, !!++, !!+++, usw. annehmen. Die Anzahl der Pluszeichen (+) bezieht sich auf die zugrundeliegende Farbserie.

Tabelle 7.3 zeigt einige Beispiele für Farbausdrücke und ihren äquivalenten Ausdruck als RGB-Code. Die rechte Hälfte der Tabelle zeigt die Anwendung der komplementären Farben, die jeweils zu denen der ersten Hälfte addiert werden. Farbe plus Komplementärfarbe addiert, ergibt bekanntlich Weiß mit dem RGB-Wert »1 1 1«.

Tabelle 7.3: Farbausdrücke und ihr entsprechendes RGB-Tripel

Farbausdruck	*RGB-Tripel*			*Farbausdruck*	*RGB-Tripel*		
`red`	1	0	0	`-red`	0	1	1
`red!75`	1	0.25	0.25	`-red!75`	0	0.75	0.75
`red!75!blue!100`	0.75	0	0.25	`-red!75!blue!100`	0.25	1	0.75
`red!75!blue!405`	0.9	0.6	0.7	`-red!75!blue!40`	0.1	0.4	0.3
`red!75!blue!40!cyan!50`	0.95	0.8	0.55	`-red!75!blue!40!cyan!50`	0.05	0.2	0.45

RGBRGBRGB

```
\usepackage{pstricks}
\psframebox[linecolor={red!70!green},
 fillcolor=yellow!90!cyan, fillstyle=solid,
 doubleline=true,doublesep=5pt,framesep=10pt,
 doublecolor=-yellow!90!cyan]{\Large RGB%
   \textcolor{red!72.75}{RGB}\color{-green}RGB}
```

Bsp. 7-5-8

Zusätzlich zu den »normalen« Farbausdrücken, kennt `xcolor` noch die »erweiterten« Farbausdrücke, die sich an einer Farbmischung orientieren:

core model,suml:expr1,fac1;expr2,fac2;...;exprN,facN

Jede Farbe in dem Ausdruck enthält einen ganzzahligen Faktor, der die Gewichtung der Farbe darstellt.

```
red
red!75
red!75!green
red!75!green!50
red!75!green!50!blue
red!75!green!50!blue!25
red!75!green!50!blue!25!gray
rgb:red,1;white,2
rgb:red,5;green,2;yellow,10
rgb,11:red,5;green,2;cyan,1
```

```
-red
-red!75
-red!75!green
-red!75!green!50
-red!75!green!50!blue
-red!75!green!50!blue!25
-red!75!green!50!blue!25!gray
cmyk:red,2;white,2
cmyk:red,5;green,2;yellow,10
cmyk,11:red,5;cyan,2;cyan,1
```

Bsp. 7-5-9

7.5.3 Anwendung vordefinierter Farben (»named colors«)

Die so genannten »named colors«, die der zugrundeliegende Farbtreiber, beispielsweise dvips zur Verfügung stellt, erlauben eine vereinfachte Anwendung bei der Neudefinition von Farben: `\color[`*named*`]{`*SpringGreen*`}` wählt die vordefinierte Farbe `SpringGreen`. Alternativ kann auch eine neue Farbe mit gleicher Eigenschaft definiert werden. `xcolor` erlaubt die Verwendung der vordefinierten Farbnamen für alle Ausgabetreiber.

```
\definecolor{MyGreen}{named}{SpringGreen}
```

Danach existiert dann die Farbe `\color{MyGreen}`. Sämtliche »named colors« können über die Paketoption angefordert werden. Eine Zusammenstellung der verfügbaren Farbnamen für das `dvipsnames`- als auch die `svgnames`- und `x11names`-Farbmodelle zeigen die Tabellen 7.4, 7.5 und 7.6.

Tabelle 7.4: Liste der verfügbaren Farbnamen für das `dvipsnames`-Modell

Apricot	Aquamarine	Bittersweet	Black	Blue
BlueGreen	BlueViolet	BrickRed	Brown	BurntOrange
CadetBlue	CarnationPink	Cerulean	CornflowerBlue	Cyan
Dandelion	DarkOrchid	Emerald	ForestGreen	Fuchsia
Goldenrod	Gray	Green	GreenYellow	JungleGreen
Lavender	LimeGreen	Magenta	Mahogany	Maroon
Melon	MidnightBlue	Mulberry	NavyBlue	OliveGreen
Orange	OrangeRed	Orchid	Peach	Periwinkle
PineGreen	Plum	ProcessBlue	Purple	RawSienna
Red	RedOrange	RedViolet	Rhodamine	RoyalBlue
RoyalPurple	RubineRed	Salmon	SeaGreen	Sepia
SkyBlue	SpringGreen	Tan	TealBlue	Thistle
Turquoise	Violet	VioletRed	White	WildStrawberry
Yellow	YellowGreen	YellowOrange		

Tabelle 7.5: Liste der verfügbaren Farbnamen für das `svgnames`-Modell

AliceBlue	AntiqueWhite	Aqua	Aquamarine
Azure	Beige	Bisque	Black
BlanchedAlmond	Blue	BlueViolet	Brown
BurlyWood	CadetBlue	Chartreuse	Chocolate
Coral	CornflowerBlue	Cornsilk	Crimson
Cyan	DarkBlue	DarkCyan	DarkGoldenrod
DarkGray	DarkGreen	DarkGrey	DarkKhaki
DarkMagenta	DarkOliveGreen	DarkOrange	DarkOrchid
DarkRed	DarkSalmon	DarkSeaGreen	DarkSlateBlue
DarkSlateGray	DarkSlateGrey	DarkTurquoise	DarkViolet
DeepPink	DeepSkyBlue	DimGray	DimGrey
DodgerBlue	FireBrick	FloralWhite	ForestGreen
Fuchsia	Gainsboro	GhostWhite	Gold
Goldenrod	Gray	Grey	Green
GreenYellow	Honeydew	HotPink	IndianRed
Indigo	Ivory	Khaki	Lavender
LavenderBlush	LawnGreen	LemonChi on	LightBlue
LightCoral	LightCyan	LightGoldenrodYellow	LightGray
LightGreen	LightGrey	LightPink	LightSalmon
LightSeaGreen	LightSkyBlue	LightSlateGray	LightSlateGrey

Fortsetzung ...

… Fortsetzung des svgnames-Modells

LightSteelBlue	LightYellow	Lime	LimeGreen
Linen	Magenta	Maroon	MediumAquamarine
MediumBlue	MediumOrchid	MediumPurple	MediumSeaGreen
MediumSlateBlue	MediumSpringGreen	MediumTurquoise	MediumVioletRed
MidnightBlue	MintCream	MistyRose	Moccasin
NavajoWhite	Navy	OldLace	Olive
OliveDrab	Orange	OrangeRed	Orchid
PaleGoldenrod	PaleGreen	PaleTurquoise	PaleVioletRed
PapayaWhip	PeachPu	Peru	Pink
Plum	PowderBlue	Purple	Red
RosyBrown	RoyalBlue	SaddleBrown	Salmon
SandyBrown	SeaGreen	Seashell	Sienna
Silver	SkyBlue	SlateBlue	SlateGray
SlateGrey	Snow	SpringGreen	SteelBlue
Tan	Teal	Thistle	Tomato
Turquoise	Violet	Wheat	White
WhiteSmoke	Yellow	YellowGreen	

Tabelle 7.6: Liste der verfügbaren Farbnamen für das x11names-Modell

AntiqueWhite1	AntiqueWhite2	AntiqueWhite3	AntiqueWhite4
Aquamarine1	Aquamarine2	Aquamarine3	Aquamarine4
Azure1	Azure2	Azure3	Azure4
Bisque1	Bisque2	Bisque3	Bisque4
Blue1	Blue2	Blue3	Blue4
Brown1	Brown2	Brown3	Brown4
Burlywood1	Burlywood2	Burlywood3	Burlywood4
CadetBlue1	CadetBlue2	CadetBlue3	CadetBlue4
Chartreuse1	Chartreuse2	Chartreuse3	Chartreuse4
Chocolate1	Chocolate2	Chocolate3	Chocolate4
Coral1	Coral2	Coral3	Coral4
Cornsilk1	Cornsilk2	Cornsilk3	Cornsilk4
Cyan1	Cyan2	Cyan3	Cyan4
DarkGoldenrod1	DarkGoldenrod2	DarkGoldenrod3	DarkGoldenrod4
DarkOliveGreen1	DarkOliveGreen2	DarkOliveGreen3	DarkOliveGreen4
DarkOrange1	DarkOrange2	DarkOrange3	DarkOrange4
DarkOrchid1	DarkOrchid2	DarkOrchid3	DarkOrchid4
DarkSeaGreen1	DarkSeaGreen2	DarkSeaGreen3	DarkSeaGreen4
DarkSlateGray1	DarkSlateGray2	DarkSlateGray3	DarkSlateGray4
DeepPink1	DeepPink2	DeepPink3	DeepPink4
DeepSkyBlue1	DeepSkyBlue2	DeepSkyBlue3	DeepSkyBlue4
DodgerBlue1	DodgerBlue2	DodgerBlue3	DodgerBlue4
Firebrick1	Firebrick2	Firebrick3	Firebrick4
Gold1	Gold2	Gold3	Gold4
Goldenrod1	Goldenrod2	Goldenrod3	Goldenrod4

Fortsetzung …

… Fortsetzung x11names-Modell

Green1	Green2	Green3	Green4
Honeydew1	Honeydew2	Honeydew3	Honeydew4
HotPink1	HotPink2	HotPink3	HotPink4
IndianRed1	IndianRed2	IndianRed3	IndianRed4
Ivory1	Ivory2	Ivory3	Ivory4
Khaki1	Khaki2	Khaki3	Khaki4
LavenderBlush1	LavenderBlush2	LavenderBlush3	LavenderBlush4
LemonChi on1	LemonChi on2	LemonChi on3	LemonChi on4
LightBlue1	LightBlue2	LightBlue3	LightBlue4
LightCyan1	LightCyan2	LightCyan3	LightCyan4
LightGoldenrod1	LightGoldenrod2	LightGoldenrod3	LightGoldenrod4
LightPink1	LightPink2	LightPink3	LightPink4
LightSalmon1	LightSalmon2	LightSalmon3	LightSalmon4
LightSkyBlue1	LightSkyBlue2	LightSkyBlue3	LightSkyBlue4
LightSteelBlue1	LightSteelBlue2	LightSteelBlue3	LightSteelBlue4
LightYellow1	LightYellow2	LightYellow3	LightYellow4
Magenta1	Magenta2	Magenta3	Magenta4
Maroon1	Maroon2	Maroon3	Maroon4
MediumOrchid1	MediumOrchid2	MediumOrchid3	MediumOrchid4
MediumPurple1	MediumPurple2	MediumPurple3	MediumPurple4
MistyRose1	MistyRose2	MistyRose3	MistyRose4
NavajoWhite1	NavajoWhite2	NavajoWhite3	NavajoWhite4
OliveDrab1	OliveDrab2	OliveDrab3	OliveDrab4
Orange1	Orange2	Orange3	Orange4
OrangeRed1	OrangeRed2	OrangeRed3	OrangeRed4
Orchid1	Orchid2	Orchid3	Orchid4
PaleGreen1	PaleGreen2	PaleGreen3	PaleGreen4
PaleTurquoise1	PaleTurquoise2	PaleTurquoise3	PaleTurquoise4
PaleVioletRed1	PaleVioletRed2	PaleVioletRed3	PaleVioletRed4
PeachPu 1	PeachPu 2	PeachPu 3	PeachPu 4
Pink1	Pink2	Pink3	Pink4
Plum1	Plum2	Plum3	Plum4
Purple1	Purple2	Purple3	Purple4
Red1	Red2	Red3	Red4
RosyBrown1	RosyBrown2	RosyBrown3	RosyBrown4
RoyalBlue1	RoyalBlue2	RoyalBlue3	RoyalBlue4
Salmon1	Salmon2	Salmon3	Salmon4
SeaGreen1	SeaGreen2	SeaGreen3	SeaGreen4
Seashell1	Seashell2	Seashell3	Seashell4
Sienna1	Sienna2	Sienna3	Sienna4
SkyBlue1	SkyBlue2	SkyBlue3	SkyBlue4
SlateBlue1	SlateBlue2	SlateBlue3	SlateBlue4
SlateGray1	SlateGray2	SlateGray3	SlateGray4
Snow1	Snow2	Snow3	Snow4
SpringGreen1	SpringGreen2	SpringGreen3	SpringGreen4

Fortsetzung …

… Fortsetzung x11names-Modell

SteelBlue1	SteelBlue2	SteelBlue3	SteelBlue4
Tan1	Tan2	Tan3	Tan4
Thistle1	Thistle2	Thistle3	Thistle4
Tomato1	Tomato2	Tomato3	Tomato4
Turquoise1	Turquoise2	Turquoise3	Turquoise4
VioletRed1	VioletRed2	VioletRed3	VioletRed4
Wheat1	Wheat2	Wheat3	Wheat4
Yellow1	Yellow2	Yellow3	Yellow4
Gray0	Green0	Grey0	Maroon0
Purple0			

7.5.4 Farben in Boxen

Farbdefinitionen, die innerhalb einer \savebox erfolgen, werden grundsätzlich beim Schreiben in die Box ebenfalls in dieser gespeichert und sind somit lokal und können nicht mehr von außen überschrieben werden.

```
\usepackage{xcolor}
\newsavebox{\X}\sbox{\X}{[Schwarz] und \color[cmyk]{0,0.6,0.8,0}[Orange]}

Start mit \usebox{\X}, und zurück zu Schwarz.\\
\color{green}Start mit Grün, siehe \usebox{\X} und wieder Grün.
```

Start mit [Schwarz] und [Orange], und zurück zu Schwarz.
Start mit Grün, siehe [Schwarz] und [Orange] und wieder Grün.

Bsp. 7-5-10

7.5.5 Seiten- und Boxhintergrundfarbe

\pagecolor{*Name*}

Die Hintergrundfarbe der gesamten Seite kann mit \pagecolor verändert werden, wobei dieselbe Syntax wie bei \color verwendet wird. Sowohl die aktuelle als auch alle folgenden Seiten werden auf die angegebene Hintergrundfarbe gesetzt, wobei diese Definition grundsätzlich global wirkt und somit innerhalb einer minipage oder Gruppe keinen Sinn macht.

Analog zum bekannten Makro \fbox existieren zwei Makros zum Setzen der Hintergrundfarbe von Boxen, wobei \fcolorbox zusätzlich das Setzen der Rahmenfarbe ermöglicht.

\colorbox{*Hintergrundfarbe*}{*Text*}
\fcolorbox{*Rahmenfarbe*}{*Hintergrundfarbe*}{*Text*}

```
\usepackage{xcolor}
\definecolor{Light}{gray}{.80}  \definecolor{Dark}{gray}{.20}

\colorbox{red!40}{Schwarz auf 40\%~Rot}\hfill%
\fcolorbox{red}{cyan!40}{Schwarz -- Text, cyan -- Hintergrund, Rot -- Rahmen}\\
\colorbox{Light}{\textcolor{Dark}{Heller Hintergrund}}\hfill%
\fcolorbox{red}{cyan!60}{\color{white}Weiß -- Text, cyan -- Hintergrund, Rot -- Rahmen}
```

Bsp. 7-5-11

Schwarz auf 40% Rot | Schwarz – Text, cyan – Hintergrund, Rot – Rahmen

Heller Hintergrund | Weiß – Text, cyan – Hintergrund, Rot – Rahmen

Weiteren Beispiele zeigen die Handhabung der `\fbox`-Parameter `\fboxrule` und `\fboxsep`, welche zum Einen die Liniendicke und zum Anderen den Abstand zwischen innerem Box-Text und Rahmen festlegen.

```
\usepackage{xcolor}

\setlength{\fboxsep}{10pt}\setlength{\fboxrule}{6pt}
\colorbox{yellow!40}{\color{blue}Spaß mit xcolor}
\fcolorbox{red!40}{yellow}{Spaß mit xcolor}
\setlength{\fboxrule}{1pt}\colorbox{green!40}{Spaß mit xcolor}
\fcolorbox{blue}{green!40}{\color{blue}Spaß mit xcolor}
```

Bsp. 7-5-12

Spaß mit xcolor | Spaß mit xcolor | Spaß mit xcolor | Spaß mit xcolor

7.5.6 Farbwerte bestimmen

Mithilfe des `xcolor`-Pakets lassen sich auf einfache Art und Weise Farbwerte oder auch Farbserien bestimmen (Abschnitt 7.5.1). Möchte man beispielsweise eine Farbe analog zu einer gegebenen HTML-Seite definieren, so kann dies mit dem gleichnamigen Modell geschehen, wobei man sich die entsprechenden Werte in einem anderen Modell mithilfe von `\convertcolorspec` transformieren und ausgeben lassen kann.

Bsp. 7-5-13

HTML-Farbe FF2006
rgb :1,0.12549,0.02353
cmyk:0,0.87451,0.97647,0
hsb :0.0174,0.97647,1

```
\usepackage{xcolor}
\definecolor{HTMLFarbe}{HTML}{FF2006}% #FF2006
HTML-Farbe \ttfamily\textcolor{HTMLFarbe}{FF2006}\\
rgb :\convertcolorspec{HTML}{FF2006}{rgb}\RGBFarbe
\textcolor[rgb]{\RGBFarbe}{\RGBFarbe}\\
cmyk:\convertcolorspec{HTML}{FF2006}{cmyk}\CMYKFarbe
\textcolor[cmyk]{\CMYKFarbe}{\CMYKFarbe}\\
hsb :\convertcolorspec{HTML}{FF2006}{hsb}\HSBFarbe
\textcolor[hsb]{\HSBFarbe}{\HSBFarbe}
```

7.6 amsmath

7.6.1 align-Umgebungen

Die grafische Darstellung der folgenden Beispiele entspricht immer dem folgenden Prinzip, wobei alle Ausdrücke aus optischen Gründen lediglich in eine `\fbox` gepackt wurden:

```
\begin{<name>}
   <name> & = x & x & = x\\    <name> & = x & x & = x
\end{<name>}
```

Bsp. 7-6-1

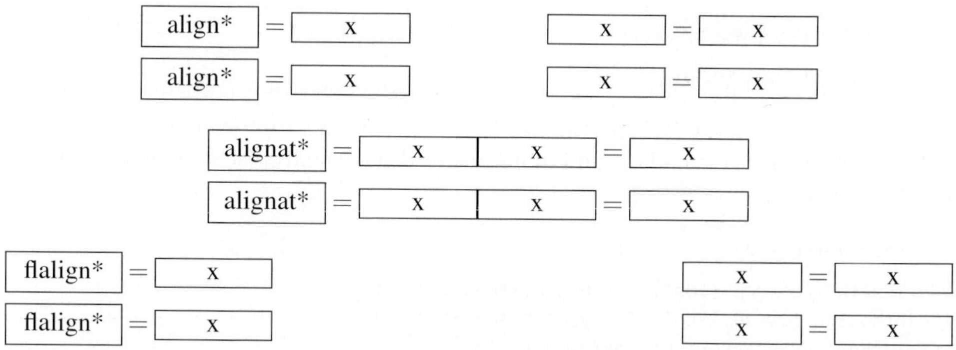

Das Trennungszeichen & sollte grundsätzlich *vor* das mathematische Symbol gesetzt werden (`y &= x`), anderenfalls kann es zu falschen horizontalen Abständen kommen. Die Anzahl der &-Zeichen in einer Zeile ist *formal* nicht begrenzt (siehe auch Abschnitt 7.6.9 auf S. 120). Dem &-Trennungszeichen muss nicht notwendigerweise ein mathematisches Symbol folgen. Es kann auch als normaler Spaltentrenner benutzt werden. Ohne die Sternversionen ergibt sich die übliche Nummerierung der Gleichungen, die im Gegensatz zu Standard-LaTeX unterhalb der Gleichung erscheint, wenn kein entsprechender Platz in der Zeile mehr vorhanden ist.

Bsp. 7-6-2

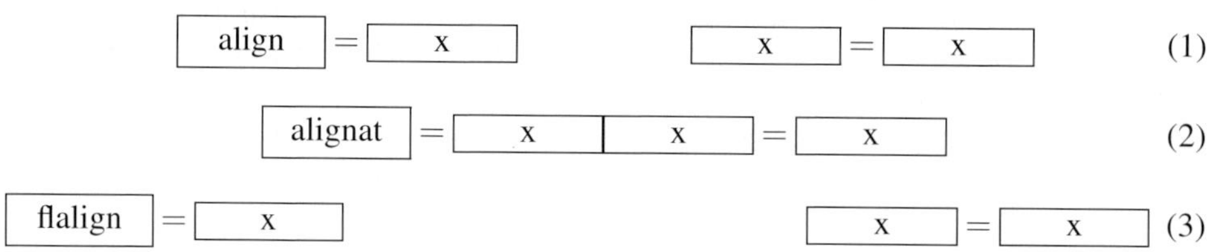

Dieselben Gleichungen mit der Dokumentenklassenoption `leqno` erstellt, ergeben für die standardmäßige `align`-Umgebung eine andere Anordnung. Dies ist in der Tatsache begründet, dass diese Umgebung bei mehr als einem Spaltentrenner die gesamte horizontale Breite benutzt und sich selbst in Bezug zur Gleichungsnummer ausrichtet. Der Abstand dazu bleibt hier gleich, sodass sich daraus folgend der Bezug zu den anderen Gleichungen verändert, die grundsätzlich zur Mitte der Zeile ausgerichtet sind.

Bsp. 7-6-3

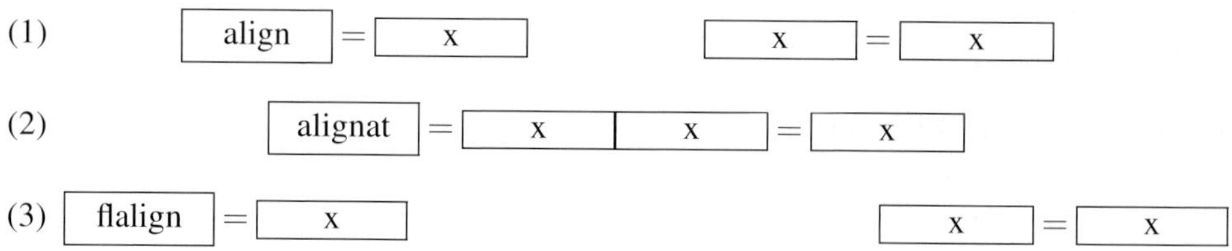

Einzelne Zeilen können wie gewohnt durch das Makro `\nonumber` von der Gleichungsnummerierung ausgenommen werden.

```
\usepackage{amsmath,empheq,xcolor}

\begin{empheq}[box=\fcolorbox{blue}{yellow!40}]{align}
y       &= d                  & z &= 1           \nonumber\\
y       &= cx+d               & z &= x+1                  \\
y_{12}  &= bx^{2}+cx+d        & z &= x^{2}+x+1\nonumber\\
y(x)    &= ax^{3}+bx^{2}+cx+d & z &= x^{3}+x^{2}+x+1
\end{empheq}
```

Bsp. 7-6-4

$$\begin{aligned} y &= d & z &= 1 \\ y &= cx+d & z &= x+1 \qquad (1) \\ y_{12} &= bx^2+cx+d & z &= x^2+x+1 \\ y(x) &= ax^3+bx^2+cx+d & z &= x^3+x^2+x+1 \qquad (2) \end{aligned}$$

7.6.2 alignat-Umgebung

Der Name der alignat-Umgebung leitet sich aus »align at several places« ab und entspricht im Prinzip zwei eigenständigen align-Umgebungen hintereinander (side-by-side). Der wesentliche Unterschied ist jedoch der erwartete Parameter, der die Zahl dieser nebeneinander stehenden Objekte (Blöcke) angibt, wobei diese durch ein weiteres &-Symbol voneinander getrennt werden. Für einen Parameter n müssen insgesamt $2n - 1$ Spaltentrenner auftreten.

\begin{alignat}{*Anzahl Blöcke*} ...\\...\\...\end{alignat}

```
\usepackage{amsmath}

\begin{alignat}{2}
y  &= d & z & =1  \\  y &= cx+d & z & =x+1\\
y_{12} &= bx^{2}+cx+d & z &=x^{2}+x+1\nonumber \\
y(x)   &= ax^{3}+bx^{2}+cx+d\quad & z & =x^{3}+x^{2}+x+1
\end{alignat}
```

Bsp. 7-6-5

$$\begin{aligned} y &= d & z &= 1 \qquad (1) \\ y &= cx+d & z &= x+1 \qquad (2) \\ y_{12} &= bx^2+cx+d & z &= x^2+x+1 \\ y(x) &= ax^3+bx^2+cx+d & z &= x^3+x^2+x+1 \qquad (3) \end{aligned}$$

Der Vorteil der alignat-Umgebung ist die Möglichkeit, mehrere Gleichungen vertikal an verschiedenen Trennern auszurichten, was auch bei extrem unterschiedlich langen Teilausdrücken möglich ist:

```
\usepackage{amsmath,empheq,xcolor}% \FBox->Praeambel

\begin{empheq}[{box=\FBox[Ein Beispiel]}]{alignat=3}
  abc &= xxx              &&= xxxxxxxxxxxx &&= aaaaaaaaa \\
```

```
 ab  &= yyyyyyyyyyyyyyy &&= yyyy          &&= ab
\end{empheq}
```

Ein Beispiel

$$abc = xxx \qquad = xxxxxxxxxxxx = aaaaaaaaa \quad (1)$$
$$ab = yyyyyyyyyyyyyyy = yyyy \qquad = ab \quad (2)$$

Bsp. 7-6-6

7.6.3 `flalign`-Umgebung

Die `flalign`-Umgebung ist der Ersatz für die nicht mehr empfohlenen `xalignat`- und `xxalignat`-Umgebungen.

$$x_{11} = 0.25$$
$$x_{21} = \frac{1}{3}\,x_{11} \quad (1)$$
$$x_{31} = 0.33x_{22} \quad (2)$$

```
\usepackage{amsmath}
\begin{flalign}
  x_{11} &= 0.25          \nonumber\\
  x_{21} &= \frac{1}{3}\,x_{11} \\
  x_{31} &= 0.33x_{22}
\end{flalign}
```

Bsp. 7-6-7

Treten dagegen mehrere Spaltentrenner (&) auf, tritt der E ekt der Linksbündigkeit ein. Dies ist eine einfache Möglichkeit, die Gleichungen des obigen Beispiels linksbündig zu erhalten, es werden einfach zusätzliche Spaltentrenner (&) an das Ende der Gleichungen gesetzt.

$$x_{11} = 0.25$$
$$x_{21} = \frac{1}{3}\,x_{11} \quad (1)$$
$$x_{31} = 0.33x_{22} \quad (2)$$

```
\usepackage{amsmath}
\begin{flalign}
  x_{11} &= 0.25          &\nonumber\\
  x_{21} &= \frac{1}{3}\,x_{11} & \\
  x_{31} &= 0.33x_{22} &
\end{flalign}
```

Bsp. 7-6-8

Mehrere Gruppen können im Gegensatz zu der `alignat`-Umgebung ohne Angabe der Zahl der Blöcke nebeneinander gesetzt werden. Es ist lediglich auf die korrekte Anordnung der Spaltentrenner zu achten.

```
\usepackage{amsmath}

\begin{flalign}
i_{11}&= 0.25               & i_{12} &= i_{21}         & i_{13} &= i_{23}\nonumber \\
i_{21}&= \frac{1}{3}\,i_{11}& i_{22} &= 0.5\,i_{12}    & i_{23} &= i_{31}\\
i_{31}&= 0.33\,i_{22}       & i_{32} &= 0.15\,i_{32}   & i_{33} &= i_{11}
\end{flalign}
```

$$i_{11} = 0.25 \qquad i_{12} = i_{21} \qquad i_{13} = i_{23}$$
$$i_{21} = \frac{1}{3}\,i_{11} \qquad i_{22} = 0.5\,i_{12} \qquad i_{23} = i_{31} \quad (1)$$
$$i_{31} = 0.33\,i_{22} \qquad i_{32} = 0.15\,i_{32} \qquad i_{33} = i_{11} \quad (2)$$

Bsp. 7-6-9

In manchen Anwendungsfällen ist es notwendig, sowohl linksbündig als auch zentriert angeordnete Gleichungen zu mischen. Beides lässt sich einfach mit der `flalign`-Umgebung erreichen, wenn man aus anderen Gründen die globale Festlegung durch die Dokumentoption `fleqn` nicht nutzen kann.

```
\usepackage{amsmath,xcolor}
\newcommand*\dx{\mathrm{d}x}

\begin{flalign}  f(x) & = \int\frac{1}{x^2}\,\dx \end{flalign}
\begin{flalign}
  f(x) & = \color{magenta}\int\frac{1}{x^2}\,\dx & % <-- dummy &
\end{flalign}
```

Bsp. 7-6-10

$$f(x) = \int \frac{1}{x^2}\,\mathrm{d}x \qquad (1)$$

$$f(x) = \int \frac{1}{x^2}\,\mathrm{d}x \qquad (2)$$

```
\usepackage{amsmath,xcolor}

\begin{flalign*}
    && \color{red}12(x-1)+20(y-3)+14(z-2) &= 0\\
\text{\color{blue}Ausmultiplizieren und Umstellen ergibt: }
    &&             \boxed{6x+10y+7z-50} &= 0
\end{flalign*}
```

Bsp. 7-6-11

$$12(x-1)+20(y-3)+14(z-2) = 0$$

Ausmultiplizieren und Umstellen ergibt: $\boxed{6x+10y+7z-50} = 0$

7.6.4 aligned-Umgebung

Die `aligned`-Umgebung ist die entsprechende Variante zu `array`; sie ermöglicht mehrzeilige Formeln, die aber zusammen nur eine Gleichungsnummer bekommen, hat aber eine weitaus bessere horizontale Ausrichtung der Formelteile. Die `aligned`-Umgebung kann nur Teil einer anderen mathematischen Umgebung sein!

Bsp. 7-6-12

$$\begin{aligned} 2x+3 &= 7 & 2x+3-3 &= 7-3 \\ 2x &= 4 & \frac{2x}{2} &= \frac{4}{2} \\ x &= 2 \end{aligned} \qquad (1)$$

```
\usepackage{amsmath}
\begin{align} \begin{aligned}
2x+3  &= 7  &       2x+3-3 &=7-3       \\
2x    &= 4  & \frac{2x}2 &=\frac42\\
x     &= 2
\end{aligned} \end{align}
```

7.6.5 `gather`-Umgebung

Die `gather`-Umgebung ist immer dort einzusetzen, wo Gleichungen *zeilenweise* horizontal zentriert werden sollen.

$$\boxed{i_{11}=0.25} \qquad (1)$$
$$\boxed{i_{21}=\frac{1}{3}i_{11}}$$
$$\boxed{i_{31}=0.33i_{22}} \qquad (2)$$

```
\usepackage{amsmath}
\begin{gather}
\boxed{i_{11}=0.25}\\
\boxed{i_{21}=\frac{1}{3}i_{11}}\nonumber \\
\boxed{i_{31}=0.33i_{22}}
\end{gather}
```

Bsp. 7-6-13

7.6.6 `multline`-Umgebung

Die `multline`-Umgebung ist ebenfalls eine der Mehrzeilen-Umgebungen (multi line), die jedoch insbesondere für sehr lange Gleichungen Vorteile bietet, denn ihr interner Aufbau ist entsprechend Beispiel 7-6-14 gleich der Anordnungsfolge links – zentriert – ... – zentriert – rechts. Weiterhin erhält nur die letzte Zeile eine Gleichungsnummer, die bei der Sternversion unterdrückt wird.

links
zentriert
zentriert
rechts (1)

Bsp. 7-6-14

```
\usepackage{amsmath,xcolor}

\color{blue}\begin{multline}
  A = \lim_{n\rightarrow\infty}\Delta x\left(a^{2}+\left(a^{2}+2a \Delta x
     +\left(\Delta x\right)^{2}\right)\right.\\
     +\left(a^{2}+2\cdot2a\Delta x+2^{2}\left(\Delta x\right)^{2}\right)\\
     + \ldots\\
    \left.+\left(a^{2}+2\cdot(n-1)a\Delta x
     +(n-1)^{2}\left(\Delta x\right)^{2}\right)\right)\\
  = \color{red}\frac{1}{3}\left( b^{3}-a^{3}\right)
\end{multline}
```

$$A=\lim_{n\rightarrow\infty}\Delta x\left(a^{2}+\left(a^{2}+2a\Delta x+(\Delta x)^{2}\right)\right.$$
$$+\left(a^{2}+2\cdot 2a\Delta x+2^{2}(\Delta x)^{2}\right)$$
$$+\ldots$$
$$\left.+\left(a^{2}+2\cdot(n-1)a\Delta x+(n-1)^{2}(\Delta x)^{2}\right)\right)$$
$$=\frac{1}{3}\left(b^{3}-a^{3}\right) \qquad (1)$$

Bsp. 7-6-15

Die standardmäßige Anordnung der einzelnen Zeilen als »lc…cr« kann durch die beiden Makros `\shoveleft` und `\shoveright` beeinflusst werden. Diese erlauben eine Abweichung, indem sie einzelne Zeilen nach links oder rechts schieben.

Bsp. 7-6-16

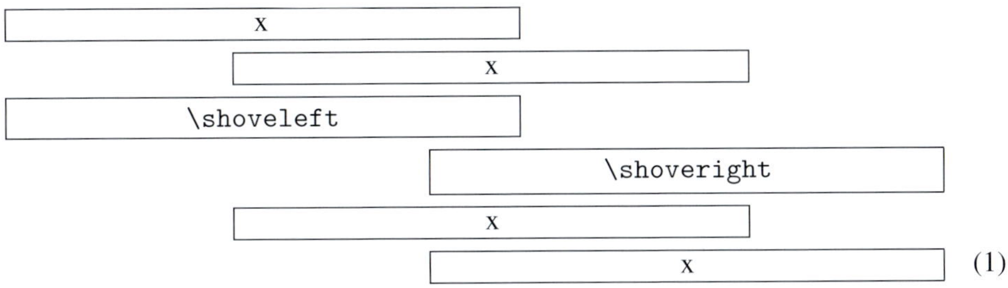

7.6.7 `split`-Umgebung

Die `split`-Umgebung hat Ähnlichkeit mit `multline` und wird auch dort angewendet, wo die eigentliche Gleichung zu lang für eine Zeile ist. `split` kann nur Teil einer anderen mathematischen Umgebung sein! Benutzt man `split` ohne jeden Spaltentrenner, so werden alle Zeilen rechtsbündig angeordnet, mit einem Spaltentrenner dagegen zentriert. Dies aber ohne jeden mittleren Abstand, wenn dort kein mathematischer Vergleichsoperator erscheint.

Bsp. 7-6-17

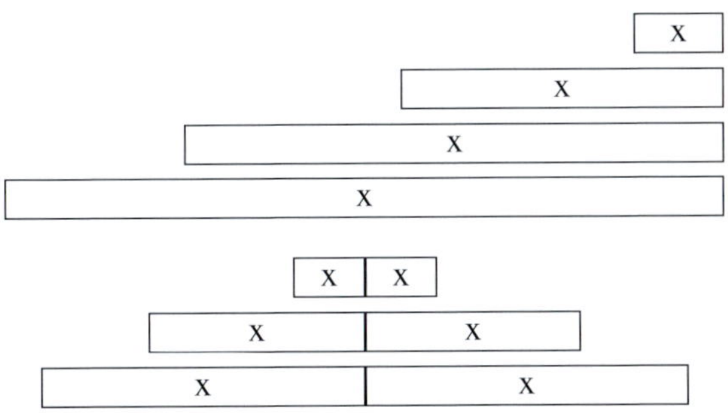

7.6.8 `cases`-Umgebung

`cases` bietet für Fallunterscheidungen eine bessere Unterstützung als entsprechende Standard-LaTeX-Konstrukte, muss selbst aber zwingend Teil einer anderen mathematischen Umgebung sein.

`\begin{cases}` …&…`\\`…&…`\\`…`\end{cases}`

```
\usepackage{amsmath}

\begin{align}
x &= \begin{cases}
    0 & \text{falls }A=\ldots\\   1 & \text{falls }B=\ldots\\
```

```
    x & \parbox{7cm}{\raggedright Dieser Text kann wegen der
          \texttt{\textbackslash parbox} so lang sein, wie er will,
            es gibt keine Probleme mit dem Umbruch.}
\end{cases}
\end{align}
```

$$x = \begin{cases} 0 & \text{falls } A = \ldots \\ 1 & \text{falls } B = \ldots \\ x & \parbox{7cm}{Dieser Text kann wegen der \texttt{\textbackslash parbox} so lang sein, wie er will, es gibt keine Probleme mit dem Umbruch.} \end{cases} \tag{1}$$

Bsp. 7-6-18

7.6.9 Matrix-Umgebung

Tabelle 7.7: Zusammenstellung der verschiedenen Matrix-Umgebungen

`Vmatrix`	$\begin{Vmatrix} a & b \\ c & d \end{Vmatrix}$	`Bmatrix`	$\begin{Bmatrix} a & b \\ c & d \end{Bmatrix}$	`matrix`	$\begin{matrix} a & b \\ c & d \end{matrix}$
`vmatrix`	$\begin{vmatrix} a & b \\ c & d \end{vmatrix}$	`bmatrix`	$\begin{bmatrix} a & b \\ c & d \end{bmatrix}$	`pmatrix`	$\begin{pmatrix} a & b \\ c & d \end{pmatrix}$
				`smallmatrix`	$\begin{smallmatrix} a & b \\ c & d \end{smallmatrix}$

Alle Matrix-Umgebungen müssen Teil einer anderen mathematischen Umgebung oder eines Makros sein! Sie können beliebig ineinander verschachtelt werden. Die Maximalzahl an Spalten ist bei Matrizen, die ohne explizite Spaltendefinition erstellt werden, auf 10 Spalten begrenzt. Durch Erhöhung des internen Zählers `MaxMatrixCols` kann dies jederzeit verändert werden, beispielsweise durch `\setcounter{`*MaxMatrixCols*`}{`*20*`}`.

```
\usepackage{amsmath}
\newcommand\mat{\begin{align*}\begin{bmatrix} a & b\\
    \begin{Vmatrix}A&B\\C&D\end{Vmatrix} c & d\end{bmatrix}\end{align*}}

\begin{minipage}{0.45\linewidth}\mat\end{minipage}
\delimiterfactor=1100
\begin{minipage}{0.45\linewidth}\mat\end{minipage}
```

$$\begin{bmatrix} a & b \\ \begin{Vmatrix} A & B \\ C & D \end{Vmatrix} c & d \end{bmatrix} \qquad \begin{bmatrix} a & b \\ \begin{Vmatrix} A & B \\ C & D \end{Vmatrix} c & d \end{bmatrix}$$

Bsp. 7-6-19

Die Anordnung der einzelnen Elemente ist für alle Matrix-Umgebungen standardmäßig zentriert, was über eine Neudefinition der `matrix`-Umgebung geändert werden kann.

Bsp. 7-6-20

$$\begin{pmatrix} 1 & -2 & 1 & 2 \\ 2 & 3 & -2 & 3 \\ 4 & -1 & 3 & -1 \\ 3 & 2 & -4 & 5 \end{pmatrix} \qquad (1)$$

$$\left(\begin{smallmatrix} 1 & -2 & 1 & 2 \\ +2 & 3 & -2 & 3 \\ 4 & -1 & 3 & -1 \\ +3 & 2 & -4 & 5 \end{smallmatrix}\right) \qquad (2)$$

```
\usepackage{amsmath}
\begin{align}
\begin{pmatrix} % ->Praeambel
 1 &-2 & 1 & 2\\ 2 & 3 &-2 & 3\\
 4 &-1 & 3 &-1\\ 3 & 2 &-4 & 5
\end{pmatrix}
\end{align}
\begin{align}
\left(\begin{smallmatrix}% -> Praeambel
 1 &-2 & 1 & 2\\ +2 & 3 &-2 & 3\\
 4 &-1 & 3 &-1\\ +3 & 2 &-4 & 5
\end{smallmatrix}\right)
\end{align}
```

7.6.10 `subequation`-Umgebung

Die `subequations`-Umgebung ermöglicht die erweiterte Zählung, indem eine weitere Ebene eingeführt wird.

Bsp. 7-6-21

$$y = d \qquad (1a)$$
$$y = cx + d \qquad (1b)$$
$$y = bx^2 + cx + d \qquad (1c)$$
$$y = ax^3 + bx^2 + cx + d \qquad (1d)$$

```
\usepackage{amsmath}
\begin{subequations}
\begin{align}
y &= d\\    y &= cx+d\\
y &= bx^{2}+cx+d\\
y &= ax^{3}+bx^{2}+cx+d
\end{align}
\end{subequations}
```

Modifikationen der Gleichungsnummer müssen *nach* Beginn der `subequations` erfolgen, wenn das Makro `\theparentequation` benutzt wird. Dieses wird erst innerhalb der Umgebung definiert.

7.6.11 Weitere Befehle

Name	*Beschreibung*
`\allowdisplaybreaks` [*Wert*]	Erlaubt einen Seitenumbruch zwischen Gleichungszeilen der aktuellen und tieferliegenden Gruppen. Das optionale Argument *Wert* darf Werte zwischen 0 und 4 annehmen und gibt die Dringlichkeit der Anforderung eines Seitenumbruches vor. 0 verhindert Seitenumbrüche generell.
`\binom`{*Oben*}{*Unten*}	Setzt einen Binomialkoe zienten: $\binom{m}{n}$.
`\bmod`{*Ausdruck*}	`$a\bmod{n^{2}}=b$` → $a \bmod n^2 = b$
`\boxed`{*Ausdruck*}	Setzt den mathematischen *Ausdruck* in einen Rahmen. *Ausdruck* darf keinen Zeilenumbruch enthalten.
`\cfrac` [*Pos*] {*Dividend*}{*Divisor*}	

Fortsetzung ...

Name	*Beschreibung*

Ermöglicht die Anordnung von Kettenbrüchen. *Pos* bezeichnet die Anordnung von Zähler und Nenner und kann einen der Werte `l`, `r` oder `c` annehmen.

`\dbinom`{*Oben*}{*Unten*}

Setzt einen Binomialkoe zienten grundsätzlich im Stil `\displaystyle`: $\dbinom{m}{n}$.

`\ddddot`{*Zeichen*} $\rightarrow \ddddot{x}$

`\dddot`{*Zeichen*} $\rightarrow \dddot{x}$

`\dfrac`{*Dividend*}{*Divisor*} Setzt einen Bruch grundsätzlich im Stil `\displaystyle`: $\dfrac{x}{y}$.

`\displaybreak` [*Wert*]

Erlaubt für das folgende Zeilenende einen Seitenumbruch. Das optionale Argument *Wert* darf Werte zwischen 0 und 4 annehmen und gibt die Dringlichkeit der Anforderung eines Seitenumbruches vor. 4 ist gleichbedeutend mit *zwingend*.

`\genfrac`{*Links*}{*Rechts*}{*Liniendicke*}{*Math-Stil*}{*Dividend*}{*Divisor*}

Erlaubt die Definition eigener Brüche oder Binomialkoe zienten. *Math-Stil* kann nur `\displaystyle`, `\textstyle`, `\scriptstyle` oder `\scriptscriptstyle` sein.

`\hdotsfor` [*Schrittweite*] {*Anzahl Spalten*}

Ermöglicht innerhalb einer `array`- oder `matrix`-Umgebung eine gepunktete Linie über mehrere Spalten.

`\intertext`{*Ausdruck*}

Setzt *Ausdruck* innerhalb eines mathematischen Ausdrucks als eigene Textzeile, wobei Leerzeichen erhalten bleiben.

`\leftroot`{*Wert*}

Verschiebt den aktuellen Punkt um *Wert* in horizontaler Richtung, wobei *Wert* intern in `mu` (math unit) interpretiert wird. Eignet sich zum besseren Anordnung eines Wurzelexponenten.

`\mathaccent`{*Akzentzeichen*}{*Basiszeichen*} `$\mathaccent\cdot\cup$` $\rightarrow \mathaccent\cdot\cup$

`\mod`{*Ausdruck*} `$a\mod{n^{2}}=b$` $\rightarrow a \mod{n^{2}}=b$

`\operatorname`{*Name*}

Erklärt *Name* zu einem Operator, sodass er in aufrechten Buchstaben gesetzt wird.

`\operatornamewithlimits`{*Name*}

Erklärt *Name* zu einem Operator, sodass er in aufrechten Buchstaben gesetzt wird und zusätzlich das `\limits`-Makro angewendet werden kann.

`\overset`{*Hoch*}{*Normal*} `$\overset{Hoch}{Normal}$` $\rightarrow \overset{Hoch}{Normal}$

`\pmod`{*Ausdruck*} `$a\pmod{n^{2}}=b$` $\rightarrow a \pmod{n^{2}}=b$

`\pod`{*Ausdruck*} `$a\pod{n^{2}}=b$` $\rightarrow a \pod{n^{2}}=b$

`\sideset`{*_LowerLeft^UpperLeft*}{*_LowerRight^UpperRight*}{*Operator*}

Erlaubt Super-/Subscript an allen vier Ecken des Operators.

$$\sideset{_{LowerLeft}^{UpperLeft}}{_{LowerRight}^{UpperRight}}\sum_{Bottom}^{Top} \tag{7.1}$$

```
\sideset{_{LowerLeft}^{UpperLeft}}{_{LowerRight}^{UpperRight}}%
\sum_{Bottom}^{Top}
```

Fortsetzung ...

Name	*Beschreibung*
\smash [*Pos*] {*Radikand*}	Verschiebt die mathematische Mittellinie. *Pos* kann einen der folgenden Werte annehmen: **t** lässt die Basis fest und verändert die Höhe. **b** lässt die Höhe fest und verändert die Basis. **tb** verändert sowohl die Basis als auch die Höhe.
\substack{... \... \...}	Ermöglicht für mehrfache Grenzen (limits) eine Stackschreibweise.
\tag* {*Ausdruck*}	Anstelle von einer Gleichungsnummer wird *Ausdruck* ausgegeben. Die Sternversion unterdrückt die Ausgabe der Klammern.
\tbinom{*Oben*}{*Unten*}	Setzt einen Binomialkoeffizienten im Stil `\textstyle`: $\tbinom{m}{n}$.
\text{*Ausdruck*}	Setzt *Ausdruck* innerhalb eines mathematischen Ausdrucks als reinen Text, wobei Leerzeichen erhalten bleiben.
\tfrac{*Dividend*}{*Divisor*}	Setzt einen Bruch grundsätzlich im Stil `\textstyle`: $\tfrac{x}{y}$.
\underset{*Tief*}{*Normal*}	`$\underset{`*Tief*`}{`*Normal*`}$` → $\underset{Tief}{Normal}$
\uproot{*Wert*}	Verschiebt den aktuellen Punkt um *Wert* in vertikaler Richtung, wobei *Wert* intern in `mu` (math unit) interpretiert wird. Eignet sich zur besseren Anordnung eines Wurzelexponenten.

7.7 Hyperref

`hyperref` als Standardpaket für WEB-Dokumente verfügt über eine Vielzahl an Optionen, die es dem Anwender nicht immer leicht machen, die gewünschte herauszufinden. Als mögliche Ausgabetreiber (backend) existieren derzeit: `dvips`, `dvipdf`, `dvipsone`, `dviwindo`, `hypertex`, `latex2html`, `pdftex`, `ps2pdf`, `tex4ht`, `textures`, `vtex`, und `vtexpdfmark`. Die folgende Tabelle gibt eine kurze Zusammenfassung weiterer Optionen, die hier aus Platzgründen lediglich eine Aufzählung ist. Eine komplette Beschreibung aller möglichen Optionen findet man im Manual zu `hyperref` [19].

Name	*Standard*	*Name*	*Standard*
a4paper		a5paper	
anchorcolor	black	b5paper	
backref	false	baseurl	*empty*
bookmarks	true	bookmarksnumbered	false
bookmarksopen	false	bookmarksopenlevel	\maxdimen
bookmarkstype	toc	breaklinks	false
citebordercolor	0 1 0	citecolor	green
colorlinks	false/true	debug	false
draft	false	encap	
executivepaper		extension	dvi
filebordercolor	0 .5 .5	filecolor	cyan
final	true	frenchlinks	false
hyperfigures	false	hyperindex	true

Name	*Standard*	*Name*	*Standard*
hypertexnames	true	implicit	true
legalpaper		letterpaper	
linkbordercolor	1 0 0	linkcolor	red
linktocpage	false	menubordercolor	1 0 0
menucolor	red	naturalnames	false
nesting	false	pageanchor	true
pagebackref	false	pagebordercolor	1 1 0
pagecolor	red	pdfauthor	*empty*
pdfborder	0 0 1 oder 0 0 0	pdfcenterwindow	false
pdfcreator	LaTeX with hyperref package		
pdfdisplaydoctitle	true	pdffitwindow	false
pdfhighlight	/I	pdfkeywords	*empty*
pdfmenubar	true	pdfnewwindow	false
pdfnonfullscreenpagemode	*empty*	pdfpagelayout	*empty*
pdfpagemode	*empty*	pdfpagelabels	false
pdfpagescrop	*empty*	pdfpagetransition	*empty*
pdfproducer	*empty*	pdfstartpage	1
pdfstartview	/Fit	pdfsubject	*empty*
pdftitle	*empty*	pdftoolbar	true
pdfview	*empty*	pdfwindowui	true
plainpages	true	raiselinks	false
runbordercolor	0 .7 .7	setpagesize	true
unicode		urlbordercolor	0 1 1
urlcolor	magenta	verbose	false

Einige wichtige von hyperref unterstützte Befehle zeigt die folgende kurze Zusammenstellung.

Name	*Beschreibung*
\href{*Link*}{*Text*}	*Text* verweist intern auf *Link*.
\hypersetup{*Argument*}	*Argument* enthält Wertzuweisungen für die hyperref-Optionen.
\nolinkurl{*URL*}	*URL* wird wie ein Argument von \url behandelt, jedoch nicht verlinkt.
\pdfbookmark [*Ebene*] {*BookmarkText*}{*Ankername*}	*BookmarkText* wird mit *Ankername* verlinkt. Die *Ebene* 0 entspricht dabei chapter für die book-Klasse.
\texorpdfstring{*TEX*}{*PDF*}	Bookmarks können keine Sonderzeichen darstellen, sodass *TEX* für die normale Darstellung und *PDF* für die Bookmarks verwendet wird, beispielsweise in Überschriften.

Kapitel 8

Bibliografie

8.1 Aufbau

Grundsätzlich bieten sich drei verschiedene Verfahren zur Erstellung einer Bibliografie an:

- Völlig frei gestaltetes Layout ohne Rückgriff auf bestehende Makros oder Umgebungen.
- Verwendung der `thebibliography`-Umgebung.
- Anwendung einer BIBTEX-kompatiblen Datenbank und des externen Programms bibtex.
- Anwendung einer BIBTEX-kompatiblen Datenbank und des Pakets `biblatex`.

Im Allgemeinen gilt, dass die zweite Variante für wenige Literaturangaben und die letzte Variante sowohl für wenige als auch *sehr* viele Angaben geeignet und sinnvoll ist. Die völlig frei gestaltete Liste lohnt sich in der Regel nicht. Externe Programme für die Literaturverwaltung mit BIBTEX-kompatibler Ausgabe gibt es mittlerweile reichlich. Eine Liste findet man unter `http://tug.org/TeXnik/mainFAQ.cgi?file=bibtex/bibtex`.

8.2 Verfügbare Bibliografiestile

Bei einer Standarddistribution von TEX, wie sie TEXlive oder MiKTEX darstellen, kann man davon ausgehen, dass folgende BiBTEX-Stile (`.bst`-Dateien) allgemeinen zur Verfügung stehen. Fehlende Angaben in den entsprechenden Stilen wurden durch – gekennzeichnet; dort konnten weder Sinn noch Autor eindeutig ermittelt werden. Diese Liste ist nur solange aktuell, wie es zwischenzeitlich keine Änderungen an der hier verwendeten TEXlive-Distribution gibt. Einen eigenen Stil kann man sich zum einen interaktiv mit latex `makebst` oder zum anderen durch Anwendung des relativ neuen Paketes `biblatex` erstellen.

.bst-*Name*	*Beschreibung*
IEEEtran	Stil für IEEE (Institute of Electrical and Electronics Engineers) – »unsorted«
IEEEtranN	dito, – »unsorted natbib version«
IEEEtranS	dito, – »sorted«
IEEEtranSA	dito, – »alpha sorted«
IEEEtranSN	dito, – »sorted natbib version«
aaai-named	AAAI (American Association for Artificial Intelligence)
aabbrv	–
aalpha	–
abbrv	Standard Stildatei
abbrvnat	dito. mit natbib Paket
abbrvurl	Modifikation von abbrv für URL-Einträge
abbrv-letters	–
abstract	Modifizierter Standardstil ('alpha').
achemso	Stil für American Chemical Society Veröffentlichungen.
achemsol	dito
acm	Analog zu abbrv, angepasst für ACM Transactions.
acmtrans	ACM Transactions-Stil, basierend auf dem Chicago-Stil.
active2006	Numerischer Stil für englische Texte für Active2006 (Sixth International Symposium on Active Noise and Vibration Control).
address-html	Stil von Christophe Geuzaine
address	dito
adrconv	Stil für Adressdatenbanken
adrfax	dito
agsm	Aus der Harvard-Serie, von Peter Williams
agu	Für Zeitschriften der AGU (American Geophysical Union).
agufull	dito, ohne Beschränkung der Autorenzahl
aiaa	AIAA (American Institute of Aeronautics and Astronautics), – technical conference papers.
alpha	Standard BiBTEX Stildatei
alphahtml	Exportiert HTML-kompatiblen Code
alphahtmldate	dito
alphahtmldater	dito
alphaurl	Modifikation des abbrv-Stils, um URL-Einträge angeben zu können.
alpha-letters	Von alpha abgeleiteter Stil (Thomas van Oudenhove)
amsalpha	»Alphabetic-label« Bibliografie für AMS (American Mathematical Society) Veröffentlichungen.
amsplain	dito. für numerische Labels
amsra	Aufbauend auf amsxport.dtx (Optionen: 'bst,sort,alpha')
amsrn	dito (Optionen: 'bst,sort,plain')
amsrs	dito (Optionen: 'bst,sort,short')
amsru	dito (Optionen: 'bst,plain')
amsry	dito (Optionen: 'bst,sort,alpha,y2k')
annotate	Stil basiert auf 'alpha'
annotation	Stil basiert auf 'plain'

.bst-*Name*	*Beschreibung*
anotit	–
apa	Adaptiert von apalike. Die Features von 'astron' (Sake J. Hogeveen) wurden integriert.
apacite	Referenzenliste analog zum APA Manual.
apacitex	dito, mit kurzen Erläuterungen
apalike	Adaptiert vom 'alpha'-Stil, benötigt das Paket apalike.
apalike2	apalike Stil
apalike-letters	apalike Stil
aplain	apalike Stil
apsr	Aus der Harvard-Serie, von Peter Williams.
apsrev	revTEX-kompatibler Stil von Patrick W. Daly
apsrmp	dito
asaetr	Stil für ASAE (American Society for Agricultural Engineers).
ascelike	Stil für ASCE (American Society of Civil Engineers).
astron	Stil für Journale der Atronomie, benötigt Paket astron.
aunsnot	–
aunsrt	–
authordate1	Für Referenzen im »author-date«-Stil, in Verbindung mit dem Paket authordate1-4.
authordate2	dito
authordate3	dito
authordate4	dito
bababbr3-fl	Für babelbib: Multilinguale Bibliografien (mit Optionen: 'bst, bststd, bstshort, bstthree, namevara')
bababbr3-lf	dito, (mit Optionen: 'bst,bststd,bstshort,bstthree,namevarb')
bababbr3	dito, (mit Optionen: 'bst,bststd,bstshort,bstthree')
bababbrv-fl	dito, (mit Optionen: 'bst,bststd,bstshort,namevara')
bababbrv-lf	dito, (mit Optionen: 'bst,bststd,bstshort,namevarb')
bababbrv	dito, (mit Optionen: 'bst,bststd,bstshort')
babalpha-fl	dito, (mit Optionen: 'bst,bststd,bstsorted,bstalpha,namevara')
babalpha-lf	dito, (mit Optionen: 'bst,bststd,bstsorted,bstalpha,namevarb')
babalpha	dito, (mit Optionen: 'bst,bststd,bstsorted,bstalpha')
babamspl	dito, (mit Optionen: 'bst,bstams')
babplai3-fl	dito, (mit Optionen: 'bst,bststd,bstthree,namevara')
babplai3-lf	dito, (mit Optionen: 'bst,bststd,bstthree,namevarb')
babplai3	dito, (mit Optionen: 'bst,bststd,bstthree')
babplain-fl	dito, (mit Optionen: 'bst,bststd,namevara')
babplain-lf	dito, (mit Optionen: 'bst,bststd,namevarb')
babplain	dito, (mit Optionen: 'bst,bststd')
babunsrt-fl	dito, (mit Optionen: 'bst,bststd,bstunsorted,namevara')
babunsrt-lf	dito, (mit Optionen: 'bst,bststd,bstunsorted,namevarb')
babunsrt	dito, (mit Optionen: 'bst,bststd,bstunsorted')
bbs	BBS (Behavioral and Brain Sciences), adaptiert von apalike, inklusive der Features von Sake J. Hogeveen aus astron.
bibtoref	UNIX-kompatibles Format, basiert auf einem Stil von Kannan Varadhan.

.bst-*Name*	*Beschreibung*
birthday	Siehe adrconv
cbe	Council of Biology Editors, benutzt von u. a. Evolution, American Naturalist, ...
cc	Computational Complexity
cc2	dito, mit natbib
cell	Stil für biologische Journale.
chicago	Stil in Anlehnung an die 13. Auflage des Chicago Manual of Style.
chicagoa	dito, mit Unterstützung von »annotations«.
cont-ab	Stil für ConTEXt
cont-au	dito
cont-no	dito
cont-ti	dito
dinat	»author-year« Stil
dk-abbrv	Dänische Version von Arne Jorgensen.
dk-alpha dito	dk-apali dito dk-plain dito dk-unsrt dito
dtk	Stil für die TEXnische Komödie von DANTE e. V.
econometrica	Econometrica Stil für das harvard Paket
elsart-harv	Harvard-kompatibler Stil des Elsevier-Verlags (Patrick W. Daly)
elsart-num	dito
email-html	Stil von Christophe Geuzaine
email	Siehe adrconv
figbib	–
figbib1	–
finplain	Finnische Version von Antti-Juhani Kaijanaho.
frplainnat-letters	Spezielle französische Version.
gatech-thesis-losa	für eine »List of Symbols or Abbreviations« der Klasse gatech-thesis (Jose Luis Diaz and Javier Bezos)
gatech-thesis	dito
gerabbrv	Spezielle Version für das bibgerman Paket
geralpha dito	gerapali dito gerplain dito gerunsrt dito
glsplain	Teil der gloss-Distribution (Jose Luis Diaz and Javier Bezos).
glsshort	dito.
gost71s	Stil für GOST 7.1-84 vd970321 von Maksym Polyakov
gost71u	dito
gost780s	dito
gost780u	dito
hc-de	Spezieller deutscher Stil von Christian Siefkes
hc-en	dito. für Englisch
humanbio	In Anlehnung an das Journal Human Biology
humannat	dito, für Human Nature and American Anthropologist.
ieeepes	Stil für Artikel der IEEE instructions (Volker Kuhlmann).
ieeetr	IEEE (Institute of Electrical and Electronics Engineers), abgeleitet vom »plain«-Stil.
ifac	IFAC-Proceedings von Silvano Balemi.
imac	IMAC (International Modal Analysis Conference) Stil von Joseph C. Slater.

.bst-*Name*	*Beschreibung*
inlinebib	Stil für Fußnotenreferenzen von René Seindal.
iopart-num	IOP (Institute of Physics) Journal
is-abbrv	Modifikation des »btxbst«-Stils, mit optionaler Unterstützung für CODEN, ISBN, ISSN, LCCN und PRICE Felder.
is-alpha	dito, im »alpha« Stil
is-plain	dito, im »plain« Stil
is-unsrt	dito, im »unsorted« Stil
jas99	Stil für JAS, Journal of Atmospheric Science und Journal of Applied Meteorology.
jbact	dito
jcc	Stil 'jcc2005' für Journal of Computational Chemistry
jmb	Journal of Molecular Biology und Journal of Theoretical Biology (Tom Schneider)
jmr	Stil von Peter Williams
jox	Stil für das `jurabib`-Paket von Jens Berger.
jpc	Journal für Physics and Chemistry
jphysicsB	Harvard-kompatibler Stil von Peter Williams
jtb	Für Bibliografien im Format des Journal of Theoretical Biology.
jthcarsu	Für das Journal of Thoracic and Cardiovascular Surgery.
jurabib	Stil für das `jurabib`-Paket von Jens Berger.
jurarsp	dito
jureco	dito
jurunsrt	dito
klunamed	Kluver Stil (Verlag)
klunum	dito
kluwer	dito
law	Jurastil für das Paket `camel`
letter	Stil von Christophe Geuzaine
ltugbib	Für die `harvardcite` Option der ltug* LaTeX Dokumentenklasse.
mbplain	`plainbst`, angepasst für das `multibib` Paket (Thorsten Hansen).
mslapa	Spezieller Stil für das `mslapa` Paket (Michael Landy).
named	Unterstützung für »short (year only) citations«
namunsrt	Abgeleitet aus `unsrt`
nar	Journal of Nucleic Acid Research, abgeleitet aus `unsrt`.
naturemag	Nature Journal (Peter Czoschke)
nederlands	Spezieller Harvard-Stil (Werenfried Spit)
newapa	Spezielle Unterstützung für »abbreviated author lists« und »year-only citations«.
opcit	`opcit`- Projekt: Referenzen als Fußnote (Federico Garcia)
oxford_en	Spezieller Stil von Peter Antman für das `oxford`-Paket.
oxford_in	dito
oxford_se	dito
pccp	Physical Chemistry Chemical Physics
perception	Pion Journal Perception
phaip	Stil für verschiedene Physik-Zeitschriften

.bst-*Name*	*Beschreibung*						
phapalik	dito	phcpc	dito	phiaea	dito	phjcp	dito
phnf	dito	phnflet	dito	phone	dito	phpf	dito
phppcf	dito	phreport	dito	phrmp	dito		

.bst-*Name*	*Beschreibung*
plabbrv	Spezielle polnische Version von Boguslaw Lichonski.
plain	Standard BiBTEX Stil
plainhtml	Exportiert kompatiblen HTML-Code
plainhtmldate	dito
plainhtmldater	dito
plainnat	plain für das natbib Paket (Patrick W. Daly)
plain-letters	Modifikation von plain
plainnat-letters	dito, für Paket natbib
plainurl	Modifikation von abbrv für URL-Einträge
plainyr	wie 'plain', nur Sortierung nach Jahr, Autor, Titel
plalpha	Polnische Version von alpha
plplain	dito, für alpha
plunsrt	dito, für unsrt
refer	Bibliographie im »refer«-Format, basierend auf einem Stil von Kannan Varadhan.
revcompchem	Reviews in Computational Chemistry
savetrees	–
siam	SIAM (Society for Industrial and Applied Mathematics) Stil (Howard Trickey)
siam-letters	An siam angepasster Stil (Thomas van Oudenhove).
smfalpha	Stil von Antoine Chambert-Loir für SMF (Société Mathématique de France)
smfplain	dito
spiebib	Für SPIE (International Society of Optical Engineering) Proceedings
sweabbrv	Schwedische Version von abbrv
swealpha	dito, für alpha
sweplain	dito, für plain
sweplnat	dito, für plain with package natbib
sweunsrt	dito, für unsrt
texsis	Stil von Bernd Dammann
unsrt	Standardstil
unsrtnat	dito, für das Paket natbib
unsrturl	Modifikation von unsrt für URL-Einträge
xagsm	Harvard-kompatibler Stil für AGSM (Australian Graduate School of Management, Peter Williams).
usmeg-a	Stil für die University of Stellenbosch
usmeg-n	dito
ussagus	dito
vancouver	Für Manuskripte des Biomedical Journal.
xplain	entspricht dem 'plain'-Stil

Anhang A

Dateien und Abkürzungen

A.1 Dateiendungen

`.aux` (auxiliary) Hilfsdatei, enthält Querverweise usw.

`.bbl` (Bibliografie) Hilfsdatei, enthält die Einträge für die Literatur

`.bib` (Bibliografie) enthält die Datenbank

`.blg` (Bibliografie) Logdatei, enthält die Ausgaben eines BibTeX-Laufs

`.cfg` (configure) TeX-Datei mit Konfigurationsinformation

`.clo` (class options) TeX-Datei mit Definitionen für die Dokumentenklasse und die entsprechenden Klassen-Optionen

`.cls` (class) Dokument-Klassendatei

`.cnf` Die Konfigurationsdatei `texmf.cnf` enthält unter anderem die Definitionen zu den Suchpfaden.

`.dvi` (device independent) Enthält die Ausgabe eines TeX- oder LaTeX-Laufs

`.def` (definitions) Runtime-Module des LaTeX-Kernels, die bei Bedarf geladen werden („`latex209.def`“ für Kompatibilitätsmodus, »`slides.def`« für SliTeX), ebenso für einige Pakete, wie beispielsweise für `inputenc`, `fontenc` und `graphics`

`.enc` Fontencoding-Datei

`.eps` Encapsulated PostScript – Grafikformat

`.fd` (font definition) TeX-Datei mit Font-Definition, enthält Tabellen, mit denen die LaTeX-Spezifikation einer Schrift mittels Encoding, Family, Series und Shape auf den Namen einer `.tfm`-Datei abgebildet wird, wobei der Name der `.fd`-Datei aus Encoding und Family besteht

`.fmt` (format) Vorkompilierte Formatdatei

`.glo` (glossary) Hilfsdatei, enthält die Einträge für ein Glossar

.idx	(index) Hilfsdatei, enthält die Einträge für den Index.
.ilg	(index) Logdatei, enthält die Ausgaben eines makeindex-Laufs.
.ind	(index) Hilfsdatei, enthält die Einträge nach Bearbeitung durch makeindex.
.jpg	Joint photographic experts group – Grafikformat
.ldf	(language definition) TEX-Datei mit der Language-Definition für eine Sprache mit ihren Dialekten des babel-Pakets.
.loa	(list of algorithm) Verzeichnis der Algorithmen
.lof	(list of figures) Verzeichnis der Abbildungen
.log	Logdatei eines TEX-Laufs
.lot	(list of tables) Verzeichnis der Tabellen
.ltx	(latex) Dokumentquelldatei, alternativ zur Namensendung .tex (auch für LATEX-Kernel-Dateien).
.map	Font-Mapdatei
.mf	MetaFont-Datei
.mp	MetaPost-Datei – Grafikformat
.pdf	Portable document format – Grafikformat
.pfa	PostScript Font – ASCII-Format
.pfb	PostScript Font – Binärformat
.png	Portable network graphics – Grafikformat
.pool	pdftex.pool enthält die internen Zeichenketten von TEX
.sty	(style file) TEX-Datei mit Definitionen eines LATEX-Pakets
.tex	LATEX-Quelldatei
.tfm	(tex font metrics) Metrik eines Fonts
.toc	(table of contents) Inhaltsverzeichnis
.vf	Virtueller Font

A.2 Abkürzungen

AMS	American Mathematical Society
ASCII	American Standard Code of Information Interchange
CJK	Chinese–Japanese–Korean
CTAN	Comprehensive TEX Archive Network (www.ctan.org)
DIN	Deutsches Industitut für Normung e. V.
DVI	Device Independent
GUI	Grafical User Interface
JPEG	Joint Photographic Experts Group
NTG	De Nederlandstalige TEX Gebruikersgroep
PNG	Portable Network Graphics
pt	TEX-Einheit 1 cm=28.82 pt
TUG	TEX Users Group (www.tug.org)
APA	American Psychological Association
bp	PostScript-Einheit big point 1 cm=28 bp
CMR	Computer Modern Roman
DANTE	Deutschsprachige Anwendervereinigung TEX e. V. (www.dante.de)
DTK	Die TEXnische Komödie
EPS	Encapsulated PostScript (www.adobe.com)
IEEE	International Institute of Electrical and Electronic Engineers
LM	Latin Modern Fonts
PDF	Portable Document Format (www.adobe.com)
PS	PostScript (www.adobe.com)
SVG	Scalable vector graphics

Literaturverzeichnis

[1] Paul W. Abrahams, Karl Berry und Kathryn Hargreaves. TEX for the Impatient, 2003.
CTAN: `/info/impatient/book.pdf`

[2] Christian Baum und Katrin Jost. »Professioneller Textsatz mit LATEX – Die ersten Schritte«. *Linux User*, 2(2,4):90–93, 86–89, 2006.

[3] Claudio Beccari. »Typesetting mathematics for science and technology according to iso 31/xi«. *TUGboat Journal*, 18(1):39–47, 1997.
`http://www.tug.org/TUGboat/Articles/tb18-1/tb54becc.pdf`

[4] Michael Downes. Short Math Guide for LATEX. American Mathematical Society, 2002.
`http://www.ams.org/tex/short-math-guide.html`

[5] Victor Eijkhout. TEX by Topic, 1992.
`http://www.eijkhout.net/tbt/`

[6] Michel Goossens, Frank Mittelbach, Sebastian Rahtz, Denis Roegel und Herbert Voß. The LATEX Graphics Companion: Illustrating Documents with TEX and PostScript, Second Edition. Tools and Techniques for Computer Typesetting. Addison-Wesley, Reading, MA, 2007.

[7] Michel Goossens und Sebastian Rahtz. The LATEX Web Companion. Addison-Wesley, Reading, MA, 1999.

[8] Stephen G. Hartke. »A survey of Free Math Fonts for TEX and LATEX«. *The PracTEX Journal*, 01, 2006.
`http://tug.org/pracjourn/2006-1/hartke/hartke.pdf`

[9] Uwe Kern. Color extensions with the `xcolor` package, 2007. Version 2.11.
CTAN: `/macros/latex/contrib/xcolor/`

[10] Donald E. Knuth. The TEXbook. Addison Wesley Professional, 21. Auflage, 1986.

[11] Markus Kohm. »Satzspiegelkonstruktionen im Vergleich«. *Die TEXnische Komödie*, 14(4):28–48, 2002.
http://www.dante.de/dante/DTK/PDF/komoedie_2002_4.pdf

[12] Helmut Kopka und Patrick W. Daly. Guide to LATEX (4th Edition). Addison-Wesley, Reading, MA, 2004.

[13] Leslie Lamport. Das LATEX Handbuch. Addison-Wesley, Bonn, Germany, 1995. ISBN 0-201-15790-X.

[14] Richard Lawrence. »Math=Typography?« *TUGboat Journal*, 24(2):165–168, 2003.
http://www.tug.org/TUGboat/Articles/tb24-2/tb77lawrence.pdf

[15] Philipp Lehman. The Font Installation Guide, 2004.
CTAN: /info/Type1fonts/fontinstallationguide/fontinstallationguide.pdf

[16] Frank Mittelbach und Michel Goossens. Der LATEX Begleiter. Addison-Wesley, Reading, MA, 2. Auflage, 2006.

[17] Elke und Michael Niedermair. LATEX Praxisbuch. Franzis, München, 3. Auflage, 2006.

[18] Scott Pakin. The Comprehensive LATEX Symbol List. CTAN, 2005.
CTAN: /info/symbols/comprehensive/symbol-a4.pdf

[19] Sebastian Rahtz und Heiko Oberdiek. Hypertext marks in LATEX: a manual for hyperref, 2006.
http://www.tug.org/applications/hyperref/ftp/doc/manual.pdf

[20] Keith Reckdahl. Using Imported Graphics in LATEX and pdfLATEX, 2006.
CTAN: /info/epslatex/english/epslatex.pdf

[21] Axel Reichert. Gleitobjekte – die richtige Schmierung, 1999.
CTAN: /info/german/gleitobjekte/gleitobjekte.pdf

[22] Axel Reichert. Satz von Tabellen, 1999.
CTAN: /info/german/tabsatz/tabsatz.pdf

[23] B. N. Taylor. Guide for the Use of the International System of Units (SI) – 10.5.4 Multiplying numbers. National Institute of Standard and Technology, 2005.
http://physics.nist.gov/Pubs/SP811/sec10.html

[24] LATEX3 Project Team. LATEX 2$_\varepsilon$ fontselection, 2000.
http://www.latex-project.org/guides/fntguide.pdf

[25] Mark Trettin. l2tabu - Das LATEX 2$_\varepsilon$-Sündenregister oder Veraltete Befehle, Pakete und andere Fehler, 2004.
CTAN: /info/l2tabu/german/l2tabu.pdf

[26] Georg Verweyen. Silbentrennung & Co., 2007.
http://homepage.ruhr-uni-bochum.de/Georg.Verweyen/silbentrennung.html

[27] Herbert Voß. LATEX in Mathematik und Naturwissenschaften. Franzis Verlag, Poing, 2006.

[28] Herbert Voß. PSTricks – Grafik mit PostScript für TEX und LATEX. LOB-media.de, Berlin, 4. Auflage, 2007.

Index der Befehle und Begriffe

In diesem Index sind sämtliche Befehle und Sachbegriffe zusammengefasst. Um diese besser zuordnen zu können, ist ihr jeweiliger »Typ« mit einem Schlüsselwort versehen, wie beispielsweise *Paket*, *Env.* (Environment – Umgebung), *Option*, *Wert* (Optionswert), *Länge*, *Programm* oder/und dem jeweiligen Paketnamen, in dem dieser Begriff oder Befehl behandelt wird. Fehlt ein Paketname bei einem Befehl oder einer Umgebung, so ist davon auszugehen, dass es sich um einen LaTeX-Standardnamen handelt. Die Angabe »Wert« bezieht sich jeweils auf eine Option, der dieser Wert zugewiesen werden kann.

Ein *kursiver* Eintrag weist darauf hin, dass der Begriff oder Befehl in einem Beispiel auf der angegebenen Seite zu finden ist. Eine **fette** Seitennummer ist wie üblich der Hinweis auf einen Haupteintrag, bei dem der Begriff oder Befehl eingehender behandelt wird.

Symbols

@

A

B

E

F

G

Q

R

T

U